Inklusionslücke in Deutschland?

Eingliederung von Menschen mit Behinderung in kleinen und mittleren Unternehmen (KMU)

Bibliografische Information der Deutschen Nationalbibliothek:

Die Deutsche Nationalbibliothek verzeichnet diese Publikation in der Deutschen Nationalbibliografie; detaillierte bibliografische Daten sind im Internet über http://dnb.d-nb.de abrufbar.

Impressum:

Copyright © Studylab 2018

Ein Imprint der Open Publishing GmbH, München

Druck und Bindung: Books on Demand GmbH, Norderstedt, Germany

Coverbild: Open Publishing GmbH | Freepik.com | Flaticon.com | ei8htz

Inhaltsverzeichnis

Abkürzungsverzeichnis

AG	Aktiengesellschaft
AGG	Allgemeines Gleichbehandlungsgesetz
BGG	Behindertengleichstellungsgesetz
BMAS	Bundesministerium für Arbeit und Soziales
BMBF	Bundesministerium für Bildung und Forschung
BTHG	Bundesteilhabegesetz
B2B	Business to business
B2C	Business to customer
gGmbH	Gemeinnützige Gesellschaft mit beschränkter Haftung
GmbH	Gesellschaft mit beschränkter Haftung
GdB	Grad der Behinderung
GdS	Grad der Schädigungsfolgen
KMU	Kleinere und mittlere Unternehmen
LGBTI	Lesbian, Gay, Bisexual, Transgender/Transsexual und Intersexual
MmB	Menschen mit Behinderung
OK	Oberkategorie
SGB	Sozialgesetzbuch
UN-BRK	UN-Behindertenrechtskonvention
UK	Unterkategorie
U	Unternehmen
uvs.	unverständlich
WfbM	Werkstatt für behinderte Menschen

Abbildungsverzeichnis

Tabellenverzeichnis

1 Einleitung

1.1 Ausgangssituation und Problemstellung

Ausgangspunkt dieser Bachelorarbeit ist die Thematik Inklusion von Menschen mit Schwerbehinderung in Unternehmen. In Deutschland leben ca. 10,2 Millionen Menschen mit einer amtlich anerkannten Behinderung, welche somit 13 Prozent der Gesamtbevölkerung einnehmen. Dabei gelten 7,6 Millionen Menschen als schwerbehindert und nehmen damit den Großteil der Menschen mit Behinderung ein (Statistisches Bundesamt, 2015a). Trotz Integrationsprojekten befinden sich Menschen mit Behinderung, vor allem auf dem Arbeitsmarkt, weiterhin am Rand der deutschen Gesellschaft. Inklusionsmaßnahmen für ein inklusives Gesellschaftssystem wurden in den letzten Jahren durch neue Gesetzesentwürfe vermehrt vorangetrieben. Diese Maßnahmen sind ein Anfang und können als Grundlage für die Inklusion von Menschen mit Schwerbehinderung in der freien Marktwirtschaft dienen. Trotz politischer Maßnahmen fällt die Einstellungsquote vor allem in kleinen und mittleren Unternehmen (KMU) weiterhin gering aus (Marx, 2015a). Dafür gibt es laut aktuellem Forschungsstand unterschiedliche Gründe. Eine Hauptursache sind Vorurteile der Unternehmen gegenüber Menschen mit Behinderung. Dabei wird die Behinderung mit Defiziten und geringerer Leistungsfähigkeit gleichgesetzt. Außerdem fehlen Unternehmen die nötigen Informationen und Ansprechpartner zur Umsetzung von Vorhaben. Auf dem Weg zur Einstellung erschweren bürokratische Formalien den Prozess (Weise, 2013). Im Gegensatz zu KMU haben Großunternehmen bereits das Potenzial von Mitarbeitervielfalt im Unternehmen erkannt. Unter dem Aspekt des Diversity Management wurde die Thematik Vielfältigkeit als positiver Nutzenfaktor in die Unternehmensphilosophie vieler deutscher Großunternehmen aufgenommen. 27 Firmen der DAX-30 Unternehmen haben ein konkretes Diversity-Konzept implementiert und wollen somit ihre Wettbewerbsfähigkeit steigern und sich an verändernde Umweltbedingungen anpassen. Unternehmen sichern sich durch dieses Engagement und die Wertschätzung ihrer Mitarbeiter nicht nur eine starke Wettbewerbsposition, sondern gelten zudem als attraktiver Arbeitgeber. Die Trendentwicklung des Diversity Management und der positive Auftritt solcher Unternehmen hat dazu geführt, dass Großunternehmen bereits größtenteils die gesetzliche Pflicht erfüllen, Menschen mit Behinderung zu inkludieren (Köppel, 2014; Ernst & Young GmbH, 2016; Charta der Vielfalt e. V., 2018). Allerdings birgt diese Entwicklung die Gefahr, dass mittelständischen Unternehmen nicht die Möglichkeit gegeben wird sich selbst als attraktiver

Arbeitgeber zu präsentieren. Ressourcen kleiner und mittelständischer Unternehmen sind in jeglicher Hinsicht begrenzt und nicht mit denen eines Großkonzerns vergleichbar.

1.2 Ziel der Arbeit

Das Thema Inklusion in Unternehmen findet vermehrt Beachtung und wird durch politische und wirtschaftliche Initiativen unterstützt. Dadurch sollen vor allem mittelständische Unternehmen auf die Vorteile aufmerksam gemacht und Vorurteile abgebaut werden. Trotz dessen findet die Eingliederung von Menschen mit Behinderung in kleinen und mittelständischen Unternehmen nur verlangsamt statt. In dieser Bachelorarbeit soll die Entwicklung und der heutige Forschungsstand zur Thematik beleuchtet werden, außerdem soll erörtert werden, welche Vorurteile und Probleme in Unternehmen gegenüber der Thematik herrschen und Handlungsansätze geboten werden, um diese in Zukunft zu reduzieren und letztendlich zu eliminieren. Das Hauptziel dabei ist es zu analysieren, welche Rolle das Thema Inklusion von Menschen mit Schwerbehinderung im Unternehmensalltag spielt und der Forschungsfrage nachzugehen: Welche Hindernisse sind die Hauptursache für mangelnde Inklusion in kleinen und mittelständischen Unternehmen in Deutschland?

1.3 Aufbau und Methodik der Arbeit

Diese Arbeit wird auf theoretischen Grundlagen fundieren und soll eine Ist-Analyse der Situation zu Inklusion von Menschen mit Behinderung in Unternehmen aufzeigen. Unter anderem sollen darin nicht nur der unternehmerische Blickwinkel beleuchtet werden, sondern auch die Sichtweisen von Menschen mit Behinderung, Einrichtungen von Menschen mit Behinderung sowie der Politik und Gesellschaft. An den theoretischen Teil schließt sich eine empirische Untersuchung an, welche sich an der qualitativen Inhaltsanalyse nach Mayring orientiert.

2 Theoretische Grundlagen

Zuerst wird der strategische Ansatz des Diversity Managements betrachtet und die Verbindung zu Menschen mit Behinderung sowie Inklusion dargestellt. Außerdem wird auf die Situation von Menschen mit Behinderung in Deutschland eingegangen, dazu besonders auf Menschen mit Schwerbehinderung, da diese in Bezug auf die berufliche Teilhabe einen Sonderstatus erhalten. Im Zuge dessen werden rechtliche Grundlagen, die Entwicklung der Gesetzeslage und politische sowie außerpolitische Maßnahmen beleuchtet. Abschließend wird die gegenwärtige Arbeitsmarktsituation für Menschen mit Behinderung betrachtet und dabei auf die unterschiedlichen Rollen der Arbeitnehmer, der Politik und der Einrichtungen für Menschen mit Behinderung eingegangen.

2.1 Diversity und Diversity Management

Der englischsprachige Begriff „Diversity" besitzt keine allgemeingültige Definition und wird unter anderem mit Diversität, Verschiedenheit und Vielfalt übersetzt. Dabei lässt sich Vielfalt am ehesten mit der inhaltlichen Bedeutung von Diversity verbinden, von einer Übersetzung in die deutsche Sprache sollte jedoch abgesehen werden, weshalb sich der Begriff „Diversity" und „Diversity Management" auch im europäischen Raum durchgesetzt hat. Im managementorientierten Ansatz beschreibt Diversity die Vielfalt einer Belegschaft eines Unternehmens und zielt daher nicht nur auf die Unterschiedlichkeit und Individualität jedes Einzelnen, sondern auch auf verbindende Gemeinsamkeiten. Diversity ist ein sehr weit gefächerter Begriff und umfasst unterschiedliche Dimensionen, auf welche im Kapitel 2.1.3 näher eingegangen wird. Allgemein kann man bei Menschen sichtbare und unsichtbare Eigenschaften, sowie biologische, psychische, soziale und kulturelle Merkmale unterscheiden. Unsichtbare Eigenschaften umfassen unter anderem persönliche Werte, Normen, Erfahrungen, Wissen und kulturelle Eigenheiten. Diese können durch gesellschaftliche Beeinflussung, politische Einstellungen, kulturelle Herkunft und Religion bei jedem Menschen sehr unterschiedlich ausfallen. Menschen können unter anderem auch nicht direkt sichtbare Behinderungen aufweisen, wie z.B. organische Beeinträchtigungen oder Epilepsie. Offensichtliche Merkmale bei Menschen können hingegen sein: die kulturelle Abstammung, das Alter, die Religionszugehörigkeit und eine Behinderung, wie z.B. der Verlust eines Armes oder die Gebundenheit an einen Rollstuhl (Franken, 2015).

Mitarbeitervielfältigkeit ist der Grundgedanke des Diversity Managements, dabei wird die Individualität eines Mitarbeiters als positiver Nutzenfaktor empfunden.

Die Vielfältigkeit der Mitarbeiter wird als strategische Ressource bewertet. Gegenseitige Wertschätzung, Anerkennung und die Zusammenstellung von heterogenen Teams sollen somit zum Unternehmenserfolg beitragen. Diversity Management bezieht sich daher nicht auf die Integration einer jeweiligen Randgruppe, sondern auf die gelungene Zusammenarbeit der Gesamtheit des Unternehmens. Von dieser Vielfältigkeit und Zusammenarbeit versprechen sich Unternehmen den Zugang zu neuen Märkten, ein höheres Kreativitätspotenzial der Mitarbeiter, eine Steigerung der Arbeitgeberattraktivität, einen Zugriff zu einem größeren Talentpool und eine sinkende Fluktuation von Mitarbeitern (Gutting, 2016).

2.1.1 Definition und Entwicklung von Diversity Management in Deutschland

Der Ansatz des Diversity Managements wurde in den 1990er Jahren in amerikanischen Unternehmen entwickelt. Durch die kulturelle Vielfalt in amerikanischen Unternehmen sowie der stetigen Globalisierung wurde Unternehmern bewusst, dass eine Anpassung der Organisationsstruktur und -kultur nötig war, um wettbewerbsfähig zu bleiben. Heterogene Mitarbeitergruppen wurden als strategische Ressource gesehen, mit welchen nicht nur komplexe organisationale Probleme gelöst, sondern auch Wettbewerbsvorteile erzielt werden konnten (Cox & Blake, 1991). Der Diversity Management-Ansatz in den USA bezog sich bis dato größtenteils auf die Vereinigung kultureller Unterschiede zwischen Mitarbeitern. Durch die internationale Vernetzung von Unternehmen gelangte das Konzept letztendlich nach Europa und gewann im Laufe der Zeit auch im europäischen Raum an Bedeutung. Der Ansatz wurde als neue Möglichkeit gesehen, um angemessen auf weitreichende Veränderungen des globalen Wirtschaftsmarktes und der Gesellschaft zu reagieren (Harvey, 2000). Unternehmen befanden und befinden sich nicht nur intern im stetigen Wandel, sondern sind zudem externen Einflüssen und Veränderungen ausgesetzt, auf die sie entsprechend reagieren müssen. Sie stehen dabei in einem Interdependenzverhältnis mit vier relevanten Umweltsystemen, deren Veränderungen sich maßgeblich auf die Performance und strategische Weiterentwicklung auswirken. Diese Umweltsysteme umfassen die Bereiche Kultur, Bevölkerung, Ökonomie sowie Politik und Recht. Die Reaktion und Anpassung der Unternehmen auf etwaige Veränderungen, wie die Implementierung eines Diversity Management-Konzepts, sind jedoch auch abhängig von der Struktur der Gesellschaft sowie der Ausprägung des modernen Kapitalismus. Somit lässt sich erklären, weshalb Diversity Management auf dem deutschen Wirtschaftsmarkt nur stetig Anerkennung fand (Aretz, 2006). Jedoch beeinflussten Veränderungen der Weltwirtschaft und Gesellschaft auch die Unternehmungen deutscher Firmen. Durch eine zunehmende Internationalisierung entstanden multinationale Unternehmen, welche eine flexiblere und kulturell durchlässigere Struktur aufwiesen. Heutzutage wird Diversity Management als strategischer Ansatz gesehen, um den vielfältigen Herausforderungen mit Hilfe von Mitarbeitervielfalt entgegenzutreten und Problemkomplexe effektiver zu lösen (Ernst & Young GmbH, 2016; Gutting, 2016). Deutsche Großunternehmen sowie kleine und mittlere Unternehmen (KMU) werden durch Globalisierung, dem Mangel an qualifizierten Arbeitskräften bei gleichzeitigem demographischen Wandel, den Anstieg der ethnischen Diversität sowie dem Trend zur Digitalisierung stark beeinflusst und zur Anpassung an externe Umstände gezwungen. Damit ein Diversity Konzept erfolgreich ist und keine negativen Auswirkungen auslöst, bedarf es eines ganzheitlichen Konzeptes. Die Chancengleichheit aller Mitarbeiter, sowie die Anerkennung deren Unterschiede muss gegeben sein, um Unternehmenswachstum und Lernprozesse voranzutreiben. Der Veränderungsprozess betrifft daher die gesamte Organisation. Unternehmen aller Größen müssen für ganzheitliche Veränderungen offen sein (Franken, 2015) . „[...] Diversity Management widmet sich der Analyse von unternehmensinternen Strukturen und Personalprozessen sowie der Veränderung der Organisationskultur in Hinblick auf eine vielfältige Gesellschaft." (Antidiskriminierungsstelle des Bundes, 2017, S.8).

2.1.2 Entwicklung von Diversity Modellen

Der Begriff Diversity lässt verschiedene Interpretationsmöglichkeiten zu. Aus diesem Grund existieren unterschiedliche Modelle zu Dimensionen von Diversity. Eines der Modelle nennt sich „The Four Layers of Diversity" (siehe Anlage 1: The Four Layers of Diversity). Das Modell stammt von L. Gardenswartz und A. Rowe, zwei Frauen, die seit 1977 amerikanischen Unternehmen als Beratungsinstitution in Diversity- und Inklusionsfragen zur Seite stehen. Wie der Name des Modells bereits sagt, besteht Diversity laut diesem Modell aus mehreren Schichten und jeweiligen Dimensionen. Der Kern des Modells ist die Persönlichkeit eines Individuums (Gardenswartz & Rowe, 1995). Dieser Kern lässt sich unabhängig vom Modell mit Motivationstheorien in Verbindung bringen. Die Leistung und der Erfolg eines Unternehmens sind zu einem Großteil von der Produktivität der Belegschaft abhängig. Es ist möglich, Mitarbeiter extrinsisch zu motivieren, wie zum Beispiel durch eine Gehaltserhöhung, flexiblere Arbeitszeiten oder andere Privilegien. Dabei können Mitarbeiter jedoch nicht durch dieselben Maßnahmen motiviert werden, denn die Bedürfnisse, Motive, Erwartungen, Instinkte und Werte eines jeden Mitarbeiters sind verschieden und beschreiben den individuellen Charakter. Dieses Prinzip wird zum Beispiel im Stimulus-Organismus-Reaktions-Modell deutlich, in dem der Mensch als Organismus oder auch als sogenannte „black box" beschrieben wird. Sein Verhalten ist unter anderem von oben genannten Faktoren und der individuellen Wahrnehmung abhängig. Daher können Reaktionen von Menschen teilweise nicht beeinflusst bzw. vorausgesagt werden. Der Organismus bzw. der Mensch lässt sich somit nie eindeutig ergründen (Judge & Larsen, 2001).

Abbildung 1: S-O-R Modell
Quelle: In Anlehnung an Judge und Larsen, 2001

Die zweite Ebene des „Four Layers of Diversity"-Modells stellt Dimensionen dar, welche eher als unveränderbar gelten und dazu gehören *Alter, Geschlecht, sexuelle Orientierung, körperliche und geistige Fähigkeiten, ethnische Herkunft und Nationalität*. Die dritte Ebene beschreibt externe Dimensionen, welche sich durchaus verändern und einem Wandel unterlegen sind. Dazu zählen unter anderem Arbeitserfahrung, schulischer Werdegang, Religion und persönliche Gewohnheiten. Die äußerste Ebene des „Four Layers of Diversity"-Modells umfasst Dimensionen, die sich erst zu dem Zeitpunkt manifestieren, wenn das Individuum Teil einer Organisation ist. Diese Ebene umschreibt die Rolle des Mitarbeiters im Unternehmen, den Arbeitsinhalt, die Abteilung, den Stand im Unternehmen und zielt auf die Zugehörigkeit des Mitarbeiters (Gardenswartz & Rowe, 1995). Das Modell nach Gardenswartz und Rowe stellte eine erste Erläuterung und logische Darstellung von Diversity-Dimensionen dar. Allerdings werden Dimensionen dabei vor allem in unveränderbare bzw. sichtbare und veränderbare bzw. unsichtbare Dimensionen unterteilt. Solch eine endgültige Kategorisierung von Dimensionen scheint durch die Vielzahl an Einflussfaktoren jedoch unmöglich. Eine Behinderung zählt laut Modell zu den sichtbaren Dimensionen, wobei Behinderungen auch des Öfteren nicht sofort sichtbar sein müssen. Deshalb wurde das „Four Layers of Diversity"-Modell weiterentwickelt, um eine Kategorisierung von Dimensionen zu vermeiden und weitere Lebensbereiche aufzunehmen.

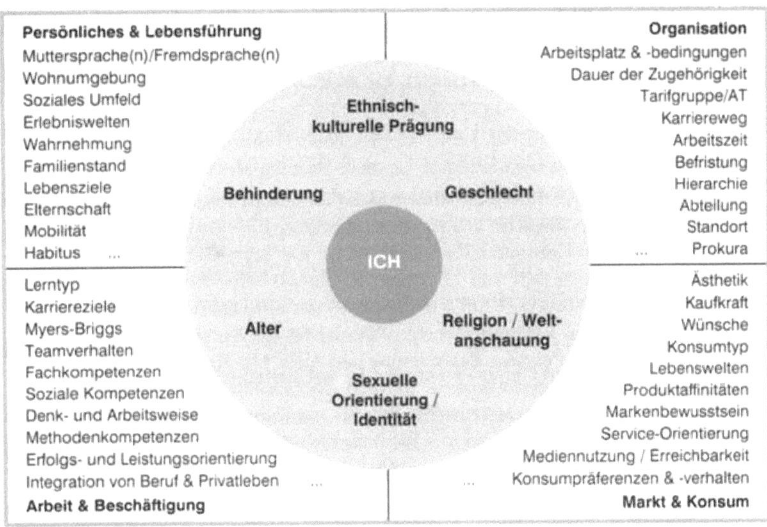

Abbildung 2: Die Vielfalt von Diversity
Quelle: Stuber und Clemens, 2014

Der Kern des weiterentwickelten Modells stellt die individuelle Person sowie die Kerndimensionen von Diversity dar. Außerdem wird dieser Kern von vier gleichberechtigen Quadranten umgeben, welche erweitert werden können. Neben der Organisation und dem Arbeitsbereich sind auch der persönliche Lebensbereich und das Konsumverhalten in das Modell integriert. Dieses Modell strahlt somit Offenheit und Adaptionsfähigkeit aus. Außerdem lassen sich betriebswirtschaftlich Bezüge durch den Quadranten Markt & Konsum herstellen. Mit dem Modell entsteht Vielfalt, indem es sowohl auf interne und externe Bezugspunkte eingeht und verschiedene Bereiche verknüpft (Stuber & Clemens, 2014).

2.1.3 Relevante Diversity-Dimensionen in Unternehmen

Auch wenn das Modell nach Gardenswartz und Rowe durchlässige Faktoren aufweist und Kritikpunkte durchaus berechtigt sind, setzten sich die Diversity-Dimensionen des Modells in Unternehmen durch. In Anlehnung an die „Four Layers of Diversity" kann man sechs Dimensionen betrachten, welche am engsten mit der Persönlichkeit eines Menschen verknüpft und in Bezug auf Mitarbeitervielfältigkeit am ehesten nachvollziehbar und greifbar sind (Charta der Vielfalt e. V., 2017b). Diese sechs Dimensionen werden zunehmend von Unternehmen thematisiert. Der Fokus auf eine jeweilige Dimension wird dabei unternehmensspezifisch gesetzt. In den letzten Jahren stand vor allem die Chancengleichheit von Männern und Frauen in Führungspositionen im Vordergrund, welche unter dem Begriff der Frauenquote bzw. der Gender Equality diskutiert wurde (o.V., 2017b). Weiterhin konzentrieren sich Unternehmen, durch die vorherrschende Generationenvielfalt und den demographischen Wandel, vermehrt auf die Dimension Alter. Außerdem beeinflusst die Migrationsbewegung nicht nur Politik und Gesellschaft, sondern auch das Unternehmensbild. Organisationen werden zunehmend vielfältiger und es ergeben sich neue Gruppenzusammensetzungen. Daher stoßen unterschiedliche Menschengruppen, Nationen und Kulturen aufeinander, welche erfolgreich geleitet werden müssen, um Erfolg für das Unternehmen zu erzielen. Auf die Dimensionen wird nun anschließend eingegangen (Charta der Vielfalt e. V., 2017a).

Abbildung 3: Die sechs Kern-Dimensionen von Diversity
Quelle: Charta der Vielfalt e. V., 2017

2.1.3.1 Dimension Geschlecht

Die Dimension Geschlecht umfasst vor allem gleichberechtigte Aufstiegs- und Karriere-chancen von Männern und Frauen, was vor allem unter dem Begriff „Gender Equality" diskutiert wird. Auch wenn die Gleichberechtigung zwischen Männern und Frauen in Deutschland gesellschaftspolitisch akzeptiert wurde, ergeben sich weiterhin Differenzen in der Vergütung beider Geschlechter sowie dem Anteil von Frauen in Führungspositionen. Um diesem Trend entgegenzuwirken, wurde als eine politische Maßnahme die Frauenquote eingeführt, welche im Jahr 2016 für den öffentlichen Dienst und Großunternehmen geltend gemacht wurde. Dabei werden, börsennotierte und ihnen gleichgestellte Firmen sowie Institutionen des öffentlichen Dienstes aufgefordert, sich einer Frauenquote von 30 Prozent anzunähern. Diese Prozentzahl bezieht sich vor allem auf ranghohe Positionen in Unternehmen, da Frauen immer noch geringfügig Positionen im Top-Management einnehmen. Nach letzten Studien des Statistischen Bundesamtes sind nur 29 Prozent aller Führungspositionen in Deutschland mit Frauen besetzt (Holst & Friedrich, 2017). Das Ziel der Frauenquote ist es gleichwertige Karrierechancen für Männer und Frauen zu schaffen. Dies wird in Unternehmen bereits durch verschiedene Maßnahmen, wie flexible Arbeitszeiten, die Möglichkeiten zum Home-Office und Elternzeit für beide Elternteile ermöglicht. Diese Vereinbarkeit von Privat- und Berufsleben – Work-Life-Balance – gewinnt zunehmend an Bedeutung, denn nur wenn gleiche Voraussetzungen für beide Partner geschaffen werden, können Karrierechancen für Frauen realisiert werden. Daher ist es wichtig, dass Unternehmen dies nicht nur ausführen, sondern auch in ihrer Unternehmenskultur verankern, sodass Frauen in Führungspositionen einen festen Platz einnehmen und dies zur Normalität gehört (Charta der Vielfalt e. V., 2017b). Eine 2012 durchgeführte Studie der Roland Berger Strategy Consultants mit 21 internationalen Großunternehmen zeigt, dass sich die Mitarbeiterzufriedenheit um 40 Prozent steigert, wenn Maßnahmen zur Vereinbarkeit von Familie und Beruf eingeführt werden. Das Ergebnis ist damit nicht repräsentativ, spiegelt jedoch die Bedeutung und positive Auswirkung von Maßnahmen wider. Diese Maßnahmen können Recruiting- und Beförderungsprozesse, Führungskräftetrainings und Mentoring-Programme sowie die Zusammenstellung von geschlechtergemischten Teams umfassen (Roland Berger Strategy Consultants, 2012).

2.1.3.2 Dimension sexuelle Orientierung

Die sexuelle Orientierung ist ein Teil der Identität eines jeden Individuums. Im unternehmerischen Kontext wird sie jedoch immer noch wenig diskutiert, da eine direkte Verbindung nicht gesehen wird. Allerdings kommt es nicht selten vor, dass Arbeitnehmer aufgrund der sexuellen Orientierung diskriminiert werden (siehe Anlage 4: Häufigkeit von Diskriminierungserfahrungen nach Merkmalen) und sich dies negativ auf das Betriebsklima auswirkt. Die Ergebnisse einer 2017 veröffentlichten Repräsentativ- und Betroffenenbefragung zeigen, dass 2.500 Befragte bereits Diskriminierung aufgrund ihrer sexuellen Identität erfahren mussten und davon 17 Prozent im Arbeitsalltag. Jede/r Zweite aller Befragten erlebte bereits Diskriminierung im Arbeitsumfeld (Beigang et al., 2017). Seit dem 01.10.2017 ist es in Deutschland möglich, als homosexuelles Paar zu heiraten. Diese politische Entscheidung kam überraschend und sorgte daher für Diskussion in der Gesellschaft. Durch diese Entwicklung, namentlich die Akzeptanz von Homosexualität und die

Gleichberechtigung von gleichgeschlechtlichen Ehen, wurde eine öffentliche Diskussion zur Forderung nach Toleranz entfacht. Ab diesem Zeitpunkt fanden sich Unternehmen einmal mehr in der Pflicht sich mit der Thematik auseinanderzusetzen und die eigene Wertekultur zu überdenken. Eine offen gelebte Unternehmenskultur in Bezug auf sexuelle Identität kann einen positiven Einfluss auf die Außenwirkung des Unternehmens sowie die Arbeitsmotivation und -zufriedenheit der Belegschaft haben. Ein Grund dafür ist, dass die sexuelle Neigung einer Person seine oder ihre Identität stark beeinflusst. Wenn Personen diesen Teil ihrer Identität in der Arbeitswelt also nicht verheimlichen oder gar verleugnen müssen, kann emotionalem Stress vorgebeugt und das Commitment gegenüber dem Unternehmen gesteigert werden. Ein Maßstab für die Offenheit eines Unternehmens gegenüber sexueller Vielfalt ist dessen LGBTIQ-Engagement (LGBTIQ bedeutet Lesbian, Gay, Bisexual, Transgender/transsexual, Intersexual und Queer). Unternehmen treten Netzwerken bei oder haben unternehmensintern eigene Netzwerke und machen dadurch die unsichtbare Dimension „Sexuelle Orientierung" sichtbar. Ein berufliches Netzwerk ist der Völklinger Kreis, welcher sich für die Gleichberechtigung von Schwulen, Lesben und Transgender in Firmen einsetzt. Das Netzwerk versteht sich darunter, Personen aus verschiedenen Branchen, Unternehmensgrößen und Altersgruppen miteinander zu verknüpfen, um Erfahrungen auszutauschen. Außerdem werden Geschäftsführer und Personalleiter für das Thema sensibilisiert, um ein ganzheitliches Diversity-Konzept in der gesamten Wirtschaft voranzubringen (Charta der Vielfalt e. V., 2017b).

2.1.3.3 Dimension ethnische Herkunft und Nationalität

Eine dritte Dimension, welche Unternehmen zurzeit mit am stärksten betrifft, ist die ethnische Herkunft bzw. Nationalität von Personen. Durch die internationale Vernetzung und Globalisierung von Unternehmen wird nicht nur die Belegschaft vielfältiger und internationaler, sondern auch deren Geschäftspartner, Kunden und Märkte. Unternehmen profitieren von Arbeitnehmern mit verschiedenen kulturellen und sprachlichen Kenntnissen, da sie maßgeblich auf Kundenbedürfnisse eingehen können und zur Kundengewinnung und -bindung sowie Markterschließung beitragen. Außerdem veranlasst die Problematik des Fachkräftemangels Arbeitgeber dazu, kreativ zu werden, um trotz sinkender Fachkräfte eine vollzählige Belegschaft zu garantieren (Kühlmann & Heinz, 2017). Weiterhin ist die Prozentzahl der Menschen mit Migrationshintergrund in Deutschland im Jahr 2016 um 8,5 Prozent gestiegen und erreichte damit einen neuen Höchststand. Diese Entwicklung ist vor allem auf die starke Zuwanderung von Ausländer/innen aus Krisengebieten in den

Jahren 2015 und 2016 zurückzuführen. Mittlerweile umfassen Personen mit Migrationshintergrund 22,5 Prozent der deutschen Gesamtbevölkerung (Göttsche, 2017). Daher ist es wichtig, dass eine Inklusion dieser Menschen auf dem Arbeitsmarkt erfolgt. Vor allem Flüchtlinge, welche oftmals ungenügende Qualifikationen besitzen, sollten ein Bildungsangebot erhalten, das ihnen ermöglicht, einen Bildungsabschluss zu erreichen und somit als Fachkraft eingestellt zu werden. Dass ein Fachkräftemangel besteht und weiterhin prognostiziert wird, ist bestätigt. Diese Studien implizieren jedoch, dass sich Unternehmen nicht an neue Gegebenheiten anpassen und somit die Fachkräftelücke wachsen lassen. Empirisch wurde das allerdings nicht bestätigt, da Firmen ihre Kapitalausstattung anpassen, weniger Investitionen im Inland tätigen und Prozesse ins Auslands verlagern. Gleichermaßen hat das Institut für Arbeitsmarkt- und Berufsforschung herausgefunden, dass eine deutliche Steigerung des Erwerbspotenzials durch die Einstellung von Immigranten nach Deutschland möglich ist und der Fachkräftemangel dadurch positiv beeinflusst werden kann (Bruecker, 2010). Die Dimension Kultur und Nationalität nimmt für Unternehmen im Hinblick auf Diversity Management eine wichtige Position ein und wird vor allem auch bei DAX-30 Unternehmen als eine der wichtigsten Dimensionen gehandhabt und unterstützt. Dabei werden unter anderem Stellenanzeigen international gestaltet, interkulturelle Trainings angeboten und Führungskräfte auf ihre Mentoring-Rolle vorbereitet (Köppel, 2013; Köppel, 2014).

2.1.3.4 Dimension Religion und Weltanschauung

Religionsfreiheit wird als Menschenrecht deklariert und in Deutschland unter anderem durch das Allgemeine Gleichbehandlungsgesetz (AGG) unterstützt, in dem Diskriminierungen jeglicher Art nicht geduldet werden. Religiöse Einstellungen gehören, im Hinblick auf die Diversity Dimensionen zu den unsichtbaren Variablen eines Individuums, auch wenn manche Religionen durch bestimmte Kleidungsstile und Praktiken erkennbar sind. In Unternehmen wird seit einigen Jahren vermehrt auf die Dimension Religion eingegangen, um der Vielfalt von Religionen gerecht zu werden. Eine offene Unternehmenskultur achtet dabei auf unterschiedliche Gewohnheiten und die Entgegenbringung von gegenseitigem Respekt. Eine offene Kommunikation in Unternehmen über verschiedene Glaubensrichtungen kann dies unterstützen, um Vorurteile zu eliminieren und möglichen Missverständnissen vorzubeugen. Ein Austausch kann dabei helfen, ein gegenseitiges Verständnis aufzubauen und somit zu einem positiven Arbeitsklima beitragen. Beispiele dafür können eine vielfältige Auswahl an Mittagsangeboten in der Kantine sein, gegenseitige Rücksichtnahme bei der Planung von Urlaubstagen und Räume der Stille (Franken, 2015).

2.1.3.5 Dimension Alter

Die Statistik des Statistischen Bundesamtes im Jahr 2015 beschreibt die Entwicklung des demografischen Wandels in Deutschland. Dabei wird deutlich, dass die deutsche Gesamtbevölkerung, trotz Nettozuwanderung aus anderen Ländern, deutlich sinken wird. Zudem besteht die Bevölkerung Deutschlands schon heute zu 61 Prozent aus 20- bis unter 65-Jährigen und zu etwa ein Viertel, 21 Prozent, aus 65-Jährigen und Älteren. In den kommenden Jahrzenten werden sich diese Tendenzen, trotz Nettozuwanderung, zuspitzen. Dabei geht das Statistische Bundesamt davon aus, dass im Jahr 2060 nur noch knapp die Hälfte der Bevölkerung im erwerbsfähigen Alter sein wird. Ein Drittel der Bevölkerung werden jedoch 65 Jahre und älter sein, siehe Anlage 2: Bevölkerungsentwicklung bis 2060 (Statistisches Bundesamt, 2015b). Deshalb wird der Fokus in Unternehmen sehr stark auf die Dimension Alter gelegt, um Arbeitskräfte zu erhalten, anzusprechen und weiterzubilden. Da die Belegschaft tendenziell immer älter wird, erachten es Unternehmen für wichtig, in den Erhalt der Arbeitsfähigkeit von Mitarbeiten zu investieren und auch kleine und mittlere Unternehmen widmen sich dem betrieblichen Gesundheitsmanagement. Investitionen sind zum Beispiel die Einführung von ergonomischen Stühlen und Sportangeboten (Kay, 2012). Außerdem müssen sich Unternehmen zurzeit mit der Generationenvielfalt ihrer Belegschaft auseinandersetzen, da teilweise bis zu vier Generationen miteinander arbeiten und dies auch zu Konflikten führen kann. Dies ist immer davon abhängig, inwiefern das Unternehmen Generationenvielfalt handhabt. Ein generationsübergreifender Wissens- und Informationsaustausch kann einerseits dabei helfen, jüngere Menschen schneller in das Unternehmen zu integrieren und unternehmensspezifisch fortzubilden. Andererseits sind junge Fachkräfte eine gute Möglichkeit, um unternehmensinternen Älteren einen Einblick auf den neuesten Forschungsstand und aktuellste Entwicklungen zu geben, um ein lebenslanges Lernen zu garantieren und gewähren (Charta der Vielfalt e. V., 2017b).

2.1.3.6 Dimension Behinderung

Körperliche, seelische und/oder psychische Behinderungen bzw. Beeinträchtigungen eines Menschen werden im Arbeitsalltag oft als Defizite betrachtet und mit geringerer Produktivität gleichgesetzt. Die Diversity-Dimension Behinderung soll dazu beitragen, Vorurteile abzubauen, Berührungsängste zu eliminieren und

Menschen mit Behinderung eine gerechte Teilhabe am Arbeitsleben zu ermöglichen. Dabei ist es wichtig, nicht sofort die Defizite eines Menschen zu betrachten, sondern dessen Talente (Charta der Vielfalt e. V., 2017b). Oftmals verfügen Menschen mit Behinderung über besondere Fähigkeiten, da sie zum Beispiel auf eine geringere Anzahl von Sinnesorganen angewiesen sind. Ein Großunternehmen, welches sich auf Menschen mit Autismus fokussiert hat, ist SAP. Das Unternehmen rief eine Initiative ins Lebe, die sich „autism at work" nennt. SAP setzte es sich zum Ziel, ein Prozent der Belegschaft mit Personen zu besetzen, die mit Autismus diagnostiziert wurden. Man geht davon aus, dass circa ein Prozent der Weltbevölkerung autistisch veranlagt ist. Mehr als die Hälfte der Autisten wird eine durchschnittliche bis überdurchschnittliche Begabung zugesprochen, allerdings sind nur etwa 20 Prozent derer in Berufen tätig. Dabei zeigt es sich anhand des Programmes von SAP, dass Autisten vielfältig einsetzbar sind. Im Unternehmen arbeiten sie in der IT-, Finanz-, Personal- und Kommunikationsabteilung. SAP sieht in seinem Programm viele Vorteile und positive Entwicklungen seit der Einführung im Jahr 2013. Autistische Kollegen zeichnen sich besonders durch ihre analytische Denkweise aus und erwirken damit enorme Vorteile für das Unternehmen. Ein neueingestellter Mitarbeiter löste z.B. ein komplexes IT-Problem und erwirtschaftete für den Konzern einen Betrag von 40 Millionen Euro. Dies ist ein außergewöhnliches und seltenes Beispiel, zeigt jedoch, welche Errungenschaften möglich sind, wenn man eine offene Unternehmenskultur pflegt und Chancen an Menschen vergibt, die ansonsten weniger Akzeptanz erfahren. Durch Mitarbeiter-Workshops wird ein besseres Verständnis zwischen den Angestellten mit und ohne Autismus erreicht. Die gängigen Umgangsformen wie Small Talk werden Menschen mit Autismus, unter anderem durch Mentoren und Buddys des Unternehmens, nahe gebracht (Mayr, 26.02.2017). Neben diesem Beispiel und den potenziellen Talenten von Menschen mit Behinderung, schätzen diese ihren Arbeitsplatz teilweise mehr wert als jene Kollegen ohne Behinderung. Denn sie wissen, was es bedeutet, arbeitslos zu sein, eine zweite Chance zu bekommen oder den Schritt von einer Werkstatt für behinderte Menschen (WfbM oder Werkstatt) in den ersten Arbeitsmarkt zu schaffen. Arbeitgeber sprechen daher von zuverlässigen Mitarbeitern, welche keine Leistungsdefizite zu anderen Arbeitnehmern aufweisen (Weise, 2013; Aktion Mensch e.V., 2016).

2.1.4 Interdependenzverhältnis von Diversity und Inklusion

Nach der Erläuterung des Diversity Management-Ansatzes und der sechs Kerndimensionen wird nun deutlich, dass Diversity und Inklusion in einem Interdependenzverhältnis zueinanderstehen. Diese Wechselwirkung beleuchten neuere Studien als „Diversity & Inclusion-Ansatz". Der Begriff Inklusion ist, wie der Begriff Diversity, durch unterschiedliche Definitionen und Auslegungen geprägt. Daher ist es schwer, eine einheitliche Bedeutung festzulegen. Der Begriff Inklusion wird im Duden als „das Miteinbezogensein; gleichberechtigte Teilhabe an etwas; Gegensatz Exklusion" (Dudenredaktion, o.J.) beschrieben. Allerdings wird der Begriff Integration als Synonym vorgeschlagen und mit Inklusion gleichgesetzt, was wiederum differenziert zu betrachten ist. Es ist von inhaltlicher Bedeutung, Inklusion und Integration voneinander zu unterscheiden. Integration bedeutet eine abweichende Gruppe in ein sonst konstant bleibendes Umfeld einzugliedern. Inklusion hingegen beschreibt die *Anpassung dieser Umwelt* an die Bedürfnisse und Voraussetzungen der abweichenden Gruppe. Der Begriff Inklusion kam zum ersten Mal in den 1970er Jahren im Zusammenhang mit der Behindertenbewegung in den Vereinigten Staaten auf. Dahingehend folgte die Entwicklung einer chancengleichen Teilhabe in allen Lebensbereichen der Menschen mit Behinderung. Aussagen, dass man gewisse Menschengruppen nicht inkludieren könne oder der Aufwand des Inkludierens zu groß sei, sollten damit der Vergangenheit angehören. In Deutschland wurde seit 2009 vermehrt über die Inklusion von Menschen mit Behinderung diskutiert, da ab diesem Zeitpunkt die UN-Behindertenrechtskonvention ratifiziert wurde, welche Menschen mit Behinderung das Recht auf Inklusion gewährt (Leidmedien, 2017). Inklusion wurde auch im schulischen Kontext diskutiert, da unter anderem ein inklusives Schulsystem unterstützt werden sollte. Das inklusive Schulsystem wurde bereits weiterentwickelt, allerdings liegt Deutschland im europäischen Vergleich zurück. Eine Sensibilisierung für das Thema Behinderung im Kindesalter ist richtig und wichtig, denn nur so können Berührungsängste abgelegt und ein inklusives Gesamtsystem aufgebaut werden. Ein Grundproblem des inklusiven Schulsystems in Deutschland besteht darin, dass es keine bundesweiten Regelungen gibt. Bundesländer unterscheiden sich stark in Förderungs-, Exklusions- und Inklusionsquoten (Klemm, 2015). Diese Uneinheitlichkeit trifft auch auf die Inklusion von Menschen mit Behinderung auf dem ersten Arbeitsmarkt zu. Deshalb ist es entscheidend, eine Teilhabe von Menschen mit Behinderung auf dem Arbeitsmarkt ganzheitlich zu fördern und umzusetzen. Weiterhin muss daran gearbeitet werden, eine bundesweit einheitliche Struktur zu schaffen. Auf bisherige politische

Maßnahmen wird in Kapitel 2.3.1 näher eingegangen. Außerdem wird in Kapitel 2.3.3 dargelegt, welche Rolle Gesellschaft und Politik, Unternehmen, Behinderteneinrichtungen und Menschen mit Behinderungen in Bezug auf Inklusion in der freien Wirtschaft einnehmen. Abschließend wird deutlich, dass Menschen mit Behinderung eine Diversity-Dimension darstellen, welche mit Hilfe von einem ganzheitlichen Diversity-Konzept in Unternehmen inkludiert werden sollen. Eine Einordnung der Dimension in den Diversity Management-Zusammenhang ist daher notwendig.

2.2 Menschen mit Behinderung

Personen gelten als behindert, wenn körperliche, geistige und/oder seelische Beeinträchtigungen festgestellt werden können. Diese führen, länger als sechs Monate, zu einer Abweichung von der in dem Lebensalter typischen Entwicklung (§ 2 Abs. 1 SGB IX). Die World Health Organization (WHO) erneuerte Klassifizierungen von Menschen mit Behinderung in der „International Classification of Functioning, Disability and Health". Die Erneuerung fokussiert sich besonders auf die Bedeutung von sozialen und gesellschaftlichen Faktoren in Hinblick auf Behinderung. Ein weiterer Kerngedanke beinhaltet, „[...] dass Behinderung kein individueller Zustand ist, sondern eine kontextbedingte Lebens- und Handlungssituation" (Dederich et al., 2016, S. 108). Das Modell besteht dabei aus drei Kategorien: impairment, activity und participation. Impairment beinhaltet dabei den Grad der Beeinträchtigung, vergleichbar mit dem Grad der Behinderung (GdB) und Grad der Schädigungsfolgen (GdS). Participation beschreibt die Teilhabe der Menschen in allen Lebensbereichen und deren Einschränkungen. Activity bezieht sich auf den Grad der Selbstverwirklichung. Diese wird auch durch die Schwere der Beeinträchtigung sowie persönlichen Charakteristika der Person und deren Umwelt bestimmt. Das Modell macht deutlich, dass die Gesellschaft eines Landes, dessen Staatsform und Unternehmerkultur Inklusion von Menschen mit Behinderung beeinflussen (Dederich et al., 2016).

2.2.1 Bemessung der Schwere und Art der Behinderung

In der Versorgungs-Medizin-Verordnung des Bundesministeriums für Arbeit und Soziales (BMAS) sind Versorgungsmedizinische Grundsätze festgelegt, welche nähere Informationen zum Grad der Behinderung (GdB) und dem Grad der Schädigungsfolgen (GdS) von Menschen mit Behinderung geben. Diese dienen als Maßstab zur Bemessung von gesundheitlichen Beeinträchtigungen, welche körperliche, geistige, seelische und soziale Auswirkungen beinhalten. Im Allgemeinen werden beide Begriffe mit denselben Grundsätzen bewertet, welche die Funktionsbeeinträchtigungen der betroffenen Personen in allen Lebensbereichen meinen. Zur Bewertung des GdB bzw. des GdS wird eine Tabelle verwendet, welche die mögliche Vergabe eines Grades vereinfachen soll. Die Tabelle beruht auf langjährig gewonnenen Erfahrungen und stellt altersunabhängige Mittelwerte dar. Diese Tabelle soll als Anhaltspunkt zur Bewertung dienen, kann aber je nach Einzelfall angepasst werden. Aus diesem Grund ist eine individuelle Bewertung einer jeden Person mit Beeinträchtigung(en) notwendig und keine allgemeingültige Einschätzung einer Art der Behinderung möglich. Wenn eine Person mehrere Beeinträchtigungen aufweist, werden diese nicht addiert oder mit Hilfe sonstiger Rechenmethoden bestimmt. Einzig und allein entscheidend ist die Wechselwirkung der Beeinträchtigungen zueinander und damit deren Auswirkung auf das alltägliche Leben des Menschen. Wie der Begriff Grad der Behinderung bzw. Grad der Schädigungsfolgen sagt, wird die Stärke der Beeinträchtigung in Grad und nicht in Prozent unterschieden. Dabei gilt ein Mensch ab einem Grad von 50 als schwerbehindert. Weiterhin haben Personen ab einem Grad von 30 die Möglichkeit, sich gleichstellen zu lassen. Diese Gleichstellung wird beantragt, da Personen mit Schwerbehinderung arbeitsrechtlich gewisse „Vorteile" haben, auf welche in Kapitel 2.2.2.3 näher eingegangen wird. Die Versorgungsmedizinischen Grundsätze machen deutlich, wie viele unterschiedliche Arten von Behinderungen es gibt. Das erschwert die Einordnung von Behinderungen und Arbeitnehmern, die als schwerbehindert gelten. Deshalb werden nachfolgend Beispiele von Beeinträchtigungen genannt, die sich auf Personen mit einem Grad von 50 und höher bzw. ihnen gleichgestellte Personen beziehen. Beispiele hierfür sind der Verlust eines Armes, Epilepsie, Krebs, organische Schädigungen, bestimmte Schwere von Rheuma, Diabetes, Migräne, Blindheit, psychische Erkrankungen und Autismus (o.V., 2015b). Wie man anhand dieser Behinderungen sehen kann, können diese unterschiedlich weitreichend sein und Menschen auf verschiedene Art und Weise im Arbeitsalltag einschränken. In der nachfolgenden Grafik lässt sich erkennen, dass mehr als die Hälfte der Menschen mit Behinderung in Deutschland als schwerbehindert eingestuft sind.

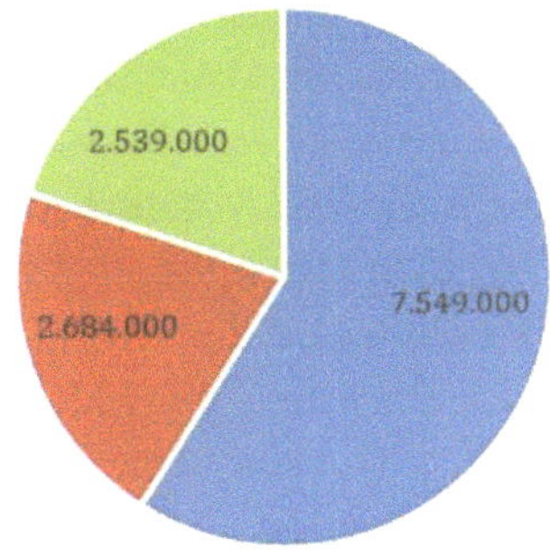

Abbildung 4: Menschen mit GdB in Deutschland
Quelle: Eigene Darstellung in Anlehnung an Institut der deutschen Wirtschaft Köln e.V., 2015 und Engels et al., 2016

2.2.2 Situation von Menschen mit Behinderung in Deutschland

Das nachfolgende Kapitel soll vorrangig einen Überblick über die Situation von schwerbehinderten Menschen in Deutschland geben. Dabei werden Kennzahlen wie die Höhe der Arbeitslosigkeit sowie die Gruppe der Erwerbstätigen und rechtliche Grundlagen näher beleuchtet. Außerdem wird erklärt inwiefern eine Inklusionslücke auf dem deutschen Arbeitsmarkt besteht.

2.2.2.1 Schwerbehinderte Menschen in Deutschland

Zu einem Großteil (87 Prozent) werden Menschen durch eine Krankheit schwerbehindert. Angeborene Behinderungen nehmen dementsprechend einen geringen Anteil von lediglich vier Prozent ein, siehe Anlage 3: Schwerbehinderte Menschen nach Art ihrer schwersten Behinderung. Schwerbehinderte Menschen erkranken daher oft im Laufe ihres Lebens und sind somit auch zunehmend älter. Es kann deshalb davon ausgegangen werden, dass die Anzahl der Menschen mit Schwerbehinderung hinsichtlich des demografischen Wandels steigen wird (Bundesagentur für Arbeit, 2017). Unternehmen werden sich in den kommenden Jahren bzw. Jahrzehnten noch mehr als jetzt mit der Thematik Behinderung bzw. Wiedereingliederungsmanagement auseinandersetzen müssen. Bei wiedereinzugliedernden Arbeitnehmern spricht man von Menschen, welche bereits im Berufsleben tätig waren und sich zuvor einen Lebensstandard aufgebaut haben. Daher sollte es diesen, sofern es die Krankheit und der psychische Zustand zulassen, ermöglicht werden, in das Arbeitsleben zurückzukehren. Neben den wiedereinzugliedernden Personen gibt es Menschen mit Behinderung, die seit Kindesalter in einer behindertengerechten Umgebung aufwuchsen. Sie besuchen eine Förderschule und werden somit leistungsgerecht gefördert. Die Werkstatt für Menschen mit Behinderung und der Berufsbildungsbereich bieten im Anschluss die Möglichkeit, einer Tätigkeit nachzukommen. Die Beschäftigten werden bei der Arbeit betreut und können durch den Berufsbildungsbereich einen anerkannten Abschluss erzielen (o.V., 2018). In den Werkstätten werden behinderte Menschen betreut, welche noch nicht oder durch eine erworbene Beeinträchtigung, nicht mehr auf dem allgemeinen Arbeitsmarkt beschäftigt werden können. Die Werkstätten dienen als Eingliederungsmaßnahme in den Berufsalltag. Praktika in externen Unternehmen ermöglichen es vor allem jungen Menschen mit Behinderung, verschiedene Berufe und Branchen zu testen. Sie können somit selbst ausprobieren, wie es ist, in einem Betrieb tätig zu sein und herausfinden, ob sie dem damit einhergehenden Leistungsdruck gewachsen sind. Neben dem sozialversicherten Arbeitsverhältnis gibt es ausgelagerte Arbeitsplätze. Das bedeutet, Menschen mit Behinderung sind weiterhin Angestellte der Werkstatt, der Lehr- und Werkstattvertrag sowie Versicherung und weitere Vereinbarungen bleiben erhalten. Die Personen arbeiten im Unternehmen und der Arbeitgeber zahlt das vorher vereinbarte Gehalt (§ 136 Abs. 1 Nr. 2 SGB IX). Weiterhin folgen regelmäßige Besuche eines Sozialpädagogen am Unternehmensstandort. Diese Praktika und Außenarbeitsplätze sind wichtig, damit Menschen mit Behinderung und Unternehmen der freien Wirtschaft miteinander in Berührung kommen. Menschen mit Behinderung haben die Chance, ihre eigenen Fähigkeiten und Qualifikationen zu testen und es wird für sie selbst ein realistisches Bild geschaffen, ob eine Arbeit auf dem allgemeinen Arbeitsmarkt möglich ist. Außerdem haben Unternehmen die Möglichkeit, Bewerber kennenzulernen, sich zunächst mit der Thematik vertraut zu machen, ohne sich dabei sofort zu binden (o.V., 2017a).

2.2.2.2 Erwerbstätig- und Arbeitslosigkeit

Anhand des Mikrozensus wurde im Jahr 2013 festgestellt, dass 10,2 Millionen Menschen mit Behinderung in Deutschland leben. Dies macht zum damaligen Stand einen Anteil von 12,65 Prozent aus. Der Mikrozensus ist eine Erhebung des statistischen Bundesamtes, anhand welcher eine Schätzung möglich ist. Erhebungen erfolgen alle vier Jahre, daher wurden seit 2013 keine neuen Zahlen veröffentlicht. Von den rund zehn Millionen Menschen sind ein Großteil, 7,6 Millionen Menschen, als schwerbehindert eingestuft (Statistisches Bundesamt, 2015a). Damit zählen

Menschen mit Behinderung als Minderheit, stellen jedoch keine Randerscheinung dar. Die Inklusion und Teilhabe von behinderten Menschen in allen Lebensbereichen wurde vermehrt in Fachgremien und nicht in der Öffentlichkeit diskutiert. Ein Grund der Diskussion ist es, zu ermöglichen, dass Menschen trotz Behinderung einer Arbeit am ersten Arbeitsmarkt nachgehen können. Momentan befinden sich lediglich 4,5 Prozent der Menschen mit Schwerbehinderung in einem Beschäftigtenverhältnis auf dem allgemeinen Arbeitsmarkt. Es besteht das Problem, dass Menschen mit Behinderung, welche erwerbstätig sein könnten, keinen geeigneten Arbeitsplatz finden oder deutlich länger danach suchen. Im Jahr 2015 waren 3,3 Millionen Menschen mit Schwerbehinderung, vier Prozent der deutschen Gesamtbevölkerung, im erwerbsfähigen Alter (ab dem 15. Lebensjahr). Dabei ist die Arbeitslosenquote bei den 15- bis 55-jährigen Menschen mit Schwerbehinderung höher als die allgemeine Arbeitslosenquote, denn sie lag im Jahr 2016 bei 12,40 Prozent. Im Gegensatz dazu nahm die Arbeitslosenquote bei Menschen ohne Behinderung 6,1 Prozent ein. Die Wahrscheinlichkeit, auf dem ersten Arbeitsmarkt keine Anstellung zu finden, ist für Menschen mit Schwerbehinderung daher höher und umfasst eine Dauer von circa 86 Wochen. Schwerbehinderte Arbeitslose sind daher durchschnittlich 14 Wochen länger auf Arbeitssuche als nicht-behinderte Arbeitssuchende. Nichtsdestotrotz ist die Arbeitslosenquote im Vergleich zu den Vorjahren deutlich gesunken. Ausschlaggebend für einen Rückgang war dabei die geringere Anzahl von arbeitslosen Schwerbehinderten in der Grundsicherung (ugs. Hartz IV). Damit ist die Erwerbsquote der Schwerbehinderten im Jahr 2017 auf 41,80 Prozent gestiegen. Trotz dieser positiven Entwicklung stagniert die Beschäftigungsquote Schwerbehinderter weiterhin bei 4,7 Prozent. Somit stagniert der Wert seit 2015 bei der Annäherung an die Fünf-Prozent-Quote. Diese beschreibt die Anzahl an Pflichtarbeitsplätzen, die Unternehmen mit mehr als 20 Beschäftigten für schwerbehinderte Menschen bereitstellen müssen (§ 71 Abs. 1 SGB IX). Durch die Pflichtarbeitsplätze in Unternehmen soll gewährleistet werden, dass Menschen mit Schwerbehinderung und ihnen gleichgestellte Personen eine Chance auf einen Arbeitsplatz haben. Im Jahr 2017 wurde ein Rekordwert von 1,2 Millionen Beschäftigten mit Behinderungen in Unternehmen verzeichnet (Bundesagentur für Arbeit, 2017).

2.2.2.3 Rechtliche Grundlagen im Unternehmen

Der dritte Teil des neunten Sozialgesetzbuches (SGB IX) umfasst die „besonderen Regelungen zur Teilhabe schwerbehinderter Menschen" und beinhaltet damit das Schwerbehindertenrecht. Dabei werden alle notwendigen Lebensbereiche und daraus resultierende Rechte für Menschen mit Schwerbehinderung beleuchtet. Dazu zählt auch der Lebensbereich Arbeit, wobei arbeitsbezogene Rechte in verschiedenen Kapiteln und unter verschiedenen Paragraphen beleuchtet werden. Diese erläutern unter anderem die Beschäftigungspflicht der Arbeitgeber, wie z.B. die Regelungen der Ausgleichsabgabe, den besonderen Kündigungsschutz, Regelungen des Zusatzurlaubs, den Nachteilsausgleich, die Schwerbehindertenvertretung in Unternehmen sowie die Aufgabenbereiche der Integrationsämter, Inklusionsbetriebe, Werkstätten und weiterer Institutionen.

Der besondere Kündigungsschutz nach dem SGB IX gilt für schwerbehinderte Beschäftigte in einem sozialversicherungspflichtigen Verhältnis, welche einem GdB von 50 zugeordnet werden bzw. dessen gleichgestellt sind. Dieser wird von Arbeitgebern oftmals als Grund gesehen, Menschen mit Schwerbehinderung nicht einzustellen, da die Angst aufkommt, man könne den Mitarbeiter nie mehr kündigen. Dieses Vorurteil ist allerdings unbegründet, denn der besondere Kündigungsschutz wurde nicht entworfen, um Arbeitgeber zu schädigen, sondern lediglich um einer diskriminierenden Haltung und willkürlichem Handeln seitens des Arbeitgebers vorzubeugen. Falls es zu einer Kündigung eines schwerbehinderten Mitarbeiters kommen sollte, hat der Arbeitgeber einen Antrag auf Zustimmung zu dieser Kündigung beim zuständigen Integrationsamt zu stellen. Die Gründe können dabei betriebs-, verhaltens- oder personenbedingt sein. Das Integrationsamt prüft jeden Einzelfall individuell und befragt alle beteiligten Personen schriftlich oder persönlich. Am Ende dieses Prozesses soll eine beidseitig positive Lösung entworfen werden. Dabei wird der Sachverhalt im Unternehmen geprüft und es werden Lösungsansätze, wie Möglichkeiten der Arbeitsplatzgestaltung oder des Abteilungswechsels geprüft. Falls trotz der Bemühungen nur eine Kündigung möglich ist, wird diese vom zuständigen Integrationsamt bewilligt. Damit soll garantiert werden, dass Arbeitgeber behinderte und nicht-behinderte Arbeitnehmer gleichbehandeln und tolerieren. Wenn ein Arbeitnehmer zum Beispiel durch eine negative Verhaltensweise dauerhaft auffällt, damit das Betriebsklima erheblich beeinflusst, die gewünschte Arbeitsleistung nicht erbringt und Gespräche mit dem Integrationsamt fehlschlagen, dann ist eine Kündigung notwendig. Daher gilt der Grundsatz, dass alle Kündigungsgründe, die nicht mit der Behinderung zusammenhängen, akzeptiert werden (Kommunaler Sozialverband Sachsen, 2012). Allerdings zeigen Befragungen und Statistiken, dass die Mehrheit der Arbeitgeber mit ihren schwerbehinderten Beschäftigten zufrieden sind und diese nicht häufiger krankheitsbedingt fehlen als andere Mitarbeiter. Der Zusatzurlaub wird als weiteres Argument genutzt, wenn von den Vorzügen für schwerbehinderte Beschäftigte und Nachteile für Arbeitgeber gesprochen wird. Der Zusatzurlaub umfasst fünf bezahlte Arbeitstage, allerdings nur für schwerbehinderte Arbeitnehmer und nicht für ihnen Gleichgestellte (Adlhoch et al., 2014). Daher sollte es für ein mittleres und großes Unternehmen möglich sein, diese Tage zu gewährleisten. Verfechter dieser rechtlichen Bedenken haben meist auch weitere zuvor beleuchtete Vorurteile, wie behinderungsbedingte Defizite, Leistungsverlust oder den entstehenden Mehraufwand. Diese Einstellung ist aber nicht zuletzt abhängig von der Kultur eines Unternehmens abhängig und wird in Kapitel 2.3.3.1 näher beleuchtet.

2.2.3 Das Inklusionsklima in Deutschland

Das Inklusionsklima 2017 wurde mit Hilfe einer Repräsentativumfrage des „Handelsblatt Research Institutes" in Kooperation mit dem Meinungsforschungsinstitut „Forsa", im Auftrag von der Organisation „Aktion Mensch", bestimmt. „Aktion Mensch" ist Deutschlands größte private Förderorganisation und setzt sich für soziale Projekte für Menschen mit und ohne Behinderung ein. Seit 2013 veröffentlicht die Organisation jährlich eine Auflage des Inklusionsbarometers. Dabei werden die generierten Daten mit den historischen Werten verglichen, analysiert und ausgewertet. Das Inklusionsbarometer 2017 veröffentlichte aktuelle Zahlen in Hinblick auf die Inklusion von Menschen mit Behinderung auf dem ersten Arbeitsmarkt. Dabei ließ sich eine Verbesserung des Inklusionsklimas in Deutschland zu den Vorjahren erkennen. Das Inklusionsklima bzw. -barometer wird aus zehn Teilindikatoren und dem Fünf-Jahres-Basisdurchschnittswert berechnet. Das Inklusionsklima stellt dar inwiefern sich die Inklusionslage für Menschen mit Behinderung verschlechtert oder verbessert hat. Die jährlichen Veröffentlichungen basieren dabei auf Befragungen, Interviews and der Analyse von Statistiken. Im Jahr 2017 zeigte sich ein positives Inklusionsbarometer von 105,1 und eine Verbesserung von 2,1 zum Vorjahr. Im Ergebnis wird außerdem deutlich, dass sich das Inklusionsklima sowohl auf Seiten der Arbeitnehmer als auch auf Seiten der Arbeitgeber verbesserte. Weiterhin besetzten 74,3 Prozent der Unternehmen wenigstens einen Pflichtarbeitsplatz mit einer schwerbehinderten Person. Allerdings erfüllten nur ca. 40 Prozent der Unternehmen die volle Pflichtarbeitsquote. Im Moment beschäftigen Unternehmen 1.057.978 Schwerbehinderte, jedoch befinden sich 1.089.978 schwerbehinderte Menschen im erwerbsfähigen Alter. Somit sind 32.000 Pflichtarbeitsplätze unbesetzt, eine Inklusionslücke, welche es zu schließen gilt, denn 156.306 Unternehmen sind beschäftigungspflichtig (Aktion Mensch e.V., 2017).

2.3 Inklusion von Menschen mit Behinderung in Unternehmen

Das folgende Kapitel beschreibt einerseits den aktuellen Forschungsstand der Inklusion von Menschen mit Behinderung und geht dabei auf politische Instrumente und Initiativen ein, welche eine positive Inklusionsentwicklung unterstützen sollen. Andererseits beschäftigt sich das Kapitel mit der Inklusion von Menschen mit Behinderung aus verschiedenen Perspektiven. In dem Zusammenhang müssen die vier Hauptakteure; behinderte Menschen, Unternehmen, Einrichtungen und Werkstätten sowie Politik und Gesellschaft näher betrachtet werden. Dabei werden Fragen geklärt, inwieweit Inklusion sinnvoll und möglich ist, sodass sowohl die Unternehmen, als auch die Menschen selbst davon profitieren.

2.3.1 Entwicklung und Forschungsstand

Dieser Unterpunkt widmet sich Gesetzen, die in Deutschland eingeführt wurden, um Menschen mit Behinderung eine gleichberechtige Teilhabe am Arbeitsleben zu ermöglichen. Es wird betrachtet inwieweit diese Gesetze positive Auswirkungen veranlasst haben und ob deren Zielsetzung erfüllt wurde.

2.3.1.1 Allgemeines Gleichbehandlungsgesetz

Das Allgemeine Gleichbehandlungsgesetz (AGG) trat im Jahr 2006 in Kraft um durchzusetzen, dass Menschen nicht aufgrund ihrer Nationalität, ethnischer Herkunft, Religion bzw. Weltanschauung, Behinderung, sexuellen Identität oder aufgrund ihres Geschlechts oder Alters diskriminiert werden. Dabei bezieht sich das Gesetz vor allem auf den Arbeits- und Bildungsbereich, schließt damit jedoch Benachteiligungsverbote in anderen Lebensbereichen nicht aus. Mit dem Inkrafttreten des AGG wurden Arbeitgeber seither dazu verpflichtet, Arbeitnehmer vor Diskriminierungen zu schützen und bei Nicht-Einhaltung durch andere Arbeitnehmer des Unternehmens entsprechend zu reagieren (§ 1 - § 2 Abs. 1 AGG). Ziel des Gesetzes ist es, Vorurteile zu reduzieren und somit Arbeitssuchenden gleichwertige Chancen auf eine Anstellung zu ermöglichen. Im Jahr 2016 wurde durch eine Repräsentativ- und Betroffenheitsumfrage geprüft, ob sich das Gesetz positiv auf die Antidiskriminierungsentwicklung auswirkte. Die Repräsentativumfrage ergab, dass sich insgesamt immer noch 31,4 Prozent der Befragten in vergangenen Jahren diskriminiert fühlten, davon knapp acht Prozent der Menschen mit Behinderung. Diskriminierung erfolgt vorrangig am Arbeitsplatz, dies führte wiederum zu internen Konflikten und einer Verminderung der Motivation und Arbeitszufriedenheit der Mitarbeiter. "Studien gehen davon aus, dass der deutschen Wirtschaft jährlich

30 Milliarden Euro durch ungelöste Konflikte verloren gehen [...]" (Ghaffarizad & Mebrahtu, 2016, S. 52). Für die Zukunft ist entscheidend, dass die Effektivität des Gesetzes gesteigert wird. Zurzeit gelten für Unternehmen zwar die Antidiskriminierungsgrundsätze, allerdings werden diese, bei Verstoß, nicht geahndet oder sanktioniert. Außerdem müssen sich Betroffene bei Diskriminierung eigenständig um Rechtsbeistand kümmern. Dies ist wiederum mit viel Aufwand und Unsicherheiten verbunden, daher wird eine Aufklärung von Diskriminierungsfällen eher erschwert als vereinfacht. Weiterhin müssen Diskriminierungen bzw. Vorkehrungen, welche Unternehmen treffen sollten, um diese zu verhindern, genauer dargestellt werden. Zu angemessenen Vorkehrungen zählen zum Beispiel ein barrierefreier Arbeitsplatz, flexiblere Arbeitszeiten und Hilfsmittel der Kommunikation. Solche Beispiele sollten in einem Katalog aufgenommen werden, damit im Falle einer Diskriminierung die Rechtssicherheit von betroffenen Personen gestärkt ist. Vor allem Menschen mit Behinderung besitzen bereits durch die UN-Behindertenrechtskonvention Rechte, welche noch nicht im AGG aufgeführt sind. Um diese Maßnahmen sowie die Einführung von bundesweiten Antidiskriminierungsstellen umzusetzen, bedarf es einer Erhöhung des verfügbaren Budgets und der Detaillierung des Gesetzes bzw. der Verfassung eines Regelwerkes. Nichtsdestotrotz hat das AGG zu einer Sensibilisierung im Zusammenhang mit Diskriminierung beigetragen und eine gesetzliche Grundlage geschaffen. Weiterhin hat das AGG eine Veränderung im SGB IX herbeigeführt. Dies macht darauf aufmerksam, längere Fehlzeiten aufgrund von Krankheit oder Arztbesuchen bei Menschen mit Schwerbehinderung neu zu betrachten (Lüders et al., 2016). Mit der Einstellung von Menschen mit Schwerbehinderung wurde im Arbeitsumfeld seither offener umgegangen, wie z.B. die Adaption von Stellenausschreibungen mit der Aussage „Bei gleicher Eignung schwerbehinderte Bewerber und Bewerberinnen werden diese bevorzugt eingestellt." deutlich wird.

2.3.1.2 Behindertengleichstellungsgesetz

Im Jahr 2002 wurde das Behindertengleichstellungsgesetz (BGG) des Bundes vorgestellt, welches behinderten Menschen Rechte zur Gleichberechtigung einräumt, da sie durch implizite und explizite Barrieren nicht im selben Maß am Leben teilhaben können (§ 4 Abs. 1 BGG). Durch das Inkrafttreten der UN-Behindertenrechtskonvention (siehe 2.3.1.3) wurde eine Evaluation des bis dato gültigen Gesetzes und eine Weiterentwicklung veranlasst. Diese Weiterentwicklung beinhaltet die konkrete Anpassung des Gesetzes an Vorgaben der UN-Behindertenrechtskonvention, die Entwicklung von Barrierefreiheit innerhalb von öffentlichen

Verwaltungen und die Verwendung von „Leichter Sprache" bei der Informationsmitteilung. „Leichte Sprache" meint das vereinfachte Darstellen von Sachverhalten, sodass Menschen mit Beeinträchtigungen auch komplizierte Sachverhalte einfach verstehen können. Ferner wurde eine Fachstelle Barrierefreiheit konzipiert, welche insbesondere Behörden und Verwaltungen, aber auch Wirtschaftsunternehmen und weitere Interessierte zur Thematik berät (o.V., 2016a). Dabei stellen Barrieren Hindernisse dar, welche im Inklusionskontext physische als auch soziale Barrieren verkörpern. Prinzipiell sollen Menschen mit Behinderung die Möglichkeit haben, in allen Lebensbereichen barrierefrei agieren zu können. Dabei müssen verschiedene Barrieren unterschieden und Barrierefreiheiten individuell angepasst werden. Für einen körperlich behinderten Menschen kann Barrierefreiheit zum Beispiel bedeuten, dass der Zugang zu einem Unternehmen im Rollstuhl ermöglicht wird. Barrierefreiheit beinhaltet für einen blinden Menschen wiederum etwas anderes, z.B. der Gebrauch von Brailleschrift. Neben diesen physischen Faktoren spielen auch soziale und ökonomische Barrieren eine tiefgreifende Rolle. Man nimmt dabei an, dass Behinderung zu einem gewissen Grad gesellschaftlich bedingt ist, da Menschen mit Behinderung ausgegrenzt und differenziert behandelt werden (Barnes & Mercer, 2010; Dederich et al., 2016).

2.3.1.3 UN-Behindertenrechtskonvention

Die UN-Behindertenrechtskonvention (UN-BRK) ist ein Menschenrechtsübereinkommen der Vereinten Nationen (engl. United Nations) und beschreibt das „Übereinkommen der Vereinten Nationen über die Rechte von Menschen mit Behinderungen". Seit 2001 wurden Vorschläge für solch ein internationales Abkommen eingeholt, um Menschen mit Behinderungen zu schützen und eine rechtliche Grundlage zu schaffen. Deutschland und weitere Staaten unterzeichneten die Konvention im Jahr 2007 und ab 2009 trat die UN-BRK und dessen Zusatzprotokoll in Kraft. Die UN-BRK beinhaltet Bekräftigungen allgemeiner Menschenrechte und konkrete Rechte für Menschen mit Behinderungen in Anpassung an deren besondere Bedürfnisse. Damit sollen vor allem die Gleichbehandlung, die gerechte Teilhabe und eine selbstbestimmte Lebensweise der betroffenen Personen in allen Lebensbereichen unterstützt werden. Seitdem hat der Begriff Inklusion eine neue Bedeutung bekommen, denn Ziel soll es sein, dass Menschen mit und ohne Behinderung zusammenleben und -arbeiten können und Beeinträchtigungen dabei keine Besonderheit darstellen. Aufgrund dessen hat die Bundesregierung einen nationalen Aktionsplan entworfen, der den „Weg in eine inklusive Gesellschaft" ermöglichen soll. Der nationale Aktionsplan beinhaltet zwölf Handlungsfelder und deren

Wechselwirkung sowie konkrete Maßnahmen zur Umsetzung von Inklusion. Das Ziel des Handlungsfeldes „Arbeit und Beschäftigung" soll es sein, mehr Ausbildungs- und Beschäftigungsmöglichkeiten zu schaffen, sodass die Beschäftigungschancen für Menschen mit Behinderung steigen. Um dies zu ermöglichen, startete ein separates Programm „Initiative Inklusion", um Ziele finanziell zu unterstützen. Die dabei festgelegten Schwerpunkte sind: Berufsorientierung von schwerbehinderten SchülerInnen, betriebliche Ausbildung von schwerbehinderten Jugendlichen, die Schaffung von Arbeitsplätzen für ältere schwerbehinderte Personen und die Weiterbildung des Personals von Kammern für kleine und mittlere Unternehmen, um als Ansprechpartner für Inklusion zu dienen (Bundesministerium für Arbeit und Soziales, 2011). Die Verwirklichung der Ziele der UN-BRK erfordert das Engagement aller, denn eine ganzheitliche Inklusion kann nur durch Kooperation und Zusammenarbeit gelingen. Im Bereich Arbeit und Beschäftigung in der freien Wirtschaft müssen Politik, Gesellschaft, Unternehmen aller Größen, soziale Einrichtungen und weitere Institutionen, wie Ämter und Job Center zusammenarbeiten, um den Weg in eine inklusive Gesellschaft zu ebnen.

2.3.1.4 Bundesteilhabegesetz

Das Bundesteilhabegesetz (BTHG) wurde im Jahr 2016 eingeführt, um Menschen mit Behinderung eine selbstbestimmende Lebensweise und vollständige Teilhabe in allen Lebensbereichen zu ermöglichen. Das Gesetz soll eine Erweiterung, Verbesserung und Konkretisierung zu den bisher gültigen Gesetzen darstellen und die Umsetzung der UN-BRK unterstützen. Dabei wird auf Leistungen, Beratung und Rechte von behinderten Menschen sowie die Aufgaben der Leistungsträger eingegangen. Ferner werden Maßnahmen erläutert, die umgesetzt werden müssen, um eine gleichberechtigte Teilhabe in einem bestimmten Lebensbereich, wie dem Arbeitsleben, zu garantieren. Des Weiteren werden die Verantwortlichkeiten von der Bundesagentur für Arbeit, den Integrationsämtern und -fachdiensten sowie die Rechte und Pflichten von Arbeitgebern näher beleuchtet. Aus diesem Grund wurden arbeitgeberbezogene Richtlinien festgelegt. Daher sind private Unternehmen und öffentliche Arbeitgeber ab einer Mitarbeiteranzahl von 20 Personen dazu verpflichtet, mindestens fünf Prozent ihrer verfügbaren Arbeitsplätze mit schwerbehinderten Menschen zu besetzen. Falls dies nicht eingehalten wird, muss eine Ausgleichsabgabe gezahlt werden. Diese beträgt für jeden unbesetzten Pflichtarbeitsplatz zwischen 125 bis 320 Euro (§ 160 Abs. 3-4 BTHG). Durch die Akkumulierung dieser Beiträge und den damit entstehenden Ausgleichsfond werden Arbeitgeber finanziell unterstützt, welche schwerbehinderte Menschen einstellen und

Zuschüsse benötigen, um einen behindertengerechten Arbeitsplatz zu garantieren (§ 161 BTHG). In Kapitel 2.3.2.1 wird näher auf die Eingliederungsmaßnahmen eingegangen. Das BTHG ist der aktuellste Gesetzesentwurf für Rechte behinderter Menschen in Deutschland. Dieser hat vor allem im Arbeitsbereich Vorteile erwirkt. Dazu zählen die Unterstützung von Unternehmen bei den Lohnkosten behinderter Mitarbeiter. Das Budget für Arbeit kann dabei bis zu 75 Prozent der Lohnkosten tilgen (§ 50 SGB IX). Außerdem würde eine begleitende Assistenz am Arbeitsplatz gezahlt werden, falls diese zur Unterstützung nötig ist (§ 102 Abs. 3 Nr. 3a-4 SGB IX). Dennoch ist der Gesetzentwurf bei Vertretern von Menschen mit Behinderung und Betroffenen selbst unter Kritik geraten, da bestimmte Schwachstellen mit dem Gesetz nicht reduziert wurden. Außerdem wurden in gewissen Bereichen Verschlechterungen festgestellt, dazu zählen die Bereiche Freizeit und Wohnsituation. Weiterhin sind gewisse Gesetzesregelungen nicht realitätskonform und bedürfen weiterem Verbesserungsbedarf.

2.3.2 Unterstützung von Inklusion in Unternehmen

Im vorherigen Kapitel wurde deutlich, dass die Inklusion von Menschen mit Behinderung in Unternehmen politisch vorangebracht und unterstützt wird. Deshalb erfahren Unternehmen der freien Wirtschaft Unterstützung von verschiedenen Institutionen und Initiativen. Allgemeine Ansprechpartner sind die Agentur für Arbeit, Integrationsämter, Integrationsfachdienste und Rehabilitationsträger, siehe Tabelle 1: Überblick Ansprechpartner für Arbeitgeber (Anhang). Außerdem helfen Kammern und Sozialverbände Unternehmen bei der Suche nach den richtigen Ansprechpartnern. Weiterhin haben sich Initiativen gebildet, welche die Bereiche Wirtschaft, Politik und Sozialwissenschaft verknüpfen und die Zusammenarbeit verbessern wollen. Dazu gehören unter anderem die Initiative „Charta der Vielfalt" und das Projekt „Wirtschaft Inklusiv".

2.3.2.1 Eingliederungsmaßnahmen

Um eine Beschäftigung von behinderten Menschen in Unternehmen zu unterstützen und sowohl den Arbeitgebern sowie Arbeitnehmern die Möglichkeit zu geben einander kennenzulernen, wurde die *Probebeschäftigung* von Menschen mit Behinderung in Unternehmen eingeführt. In dieser Zeit können beide Parteien herausfinden, ob eine zukünftige Beschäftigung möglich ist. Die Kosten einer Probebeschäftigung werden für bis zu drei Monate von der Agentur für Arbeit (§ 46 Abs. 1 SGB III) oder einem Rehabilitationsträger (§ 34 Abs. 1 SGB IX) übernommen. Die jeweilige Höhe der Kostenübernahme ist vom Einzelfall abhängig (o.V., 2016d).

Wenn die Probezeit für beide Seiten positiv verlaufen ist und eine Einstellung in Frage kommt, ist es Unternehmen möglich einen Eingliederungszuschuss zu beantragen. Dieser Zuschuss wird bis zu 24 Monate ausgezahlt und bis zu 70 Prozent des Arbeitsentgelts betragen. Unter besonderen Umständen, wie der Anstellung einer Person, die bereits in einer Werkstatt war, kann der *Lohnkostenzuschuss* auf 60 Monate erweitert werden. Weitere Regularien sind vom Einzelfall und Charakteristika des jeweiligen Arbeitsnehmers abhängig. Damit behinderte und schwerbehinderte Beschäftigte im Unternehmen ausnahmslos teilhaben können, ist es Arbeitgebern möglich, einen Zuschuss oder ein Darlehen für *behindertengerechte Arbeitsplätze* zu beantragen. Die Ausstattung des Arbeitsplatzes umfasst vor allem die Einführung von technischen Hilfsmitteln und damit zusammenhängende Maßnahmen, um den Arbeitsplatz dauerhaft behindertengerecht zu gestalten. Beispiele dafür sind die Ausstattung eines Computerarbeitsplatzes mit Brailleschrift, einem Großbildmonitor oder extra großer Tastatur. Weiterhin können für gehörlose Menschen Bild- und Schreibtelefone eingeführt werden und bei hand- oder armamputierten Arbeitnehmern der Einhandbetrieb des Arbeitsplatzes ermöglicht werden (o.V., 2016b). Es gibt zahlreiche Möglichkeiten einen behindertengerechten Arbeitsplatz auszustatten. Falls Arbeitgeber durch besondere Schwere der Behinderung eines Arbeitnehmers enorme Defizite aufweisen, können diese Zusatzkosten durch finanzielle Mittel der Ausgleichsabgabe kompensiert werden. Dabei spricht man von der *personellen Unterstützung* und dem *Minderleistungsausgleich*. Unter personeller Unterstützung versteht man die persönliche Betreuung des schwerbehinderten Mitarbeiters durch einen Beschäftigten oder Betreuer, was zusätzliche Kosten verursacht. Der Minderleistungsausgleich wird wiederum anteilig von den Lohnkosten berechnet, wenn ein Mitarbeiter durch seine Beeinträchtigung einen Großteil der gewünschten Arbeitsleistung nicht erbringen kann (Adlhoch et al., 2014).

2.3.2.2 Initiativen zur Unterstützung von Inklusion in Unternehmen

Die Initiative *„Charta der Vielfalt"* unterstützt die Verwirklichung von Diversity-Maßnahmen in Unternehmen und wird dabei von der Bundesregierung gefördert. Der Verein möchte Mitarbeitervielfalt begünstigen und ein vorurteilfreies Arbeitsumfeld schaffen. Die Initiative wurde im Jahr 2006 von vier Unternehmen gegründet und umfasst 2.800 Unterzeichner. Darunter 613 Großunternehmen (> 1.000 Beschäftigte), 1.043 mittelständische Unternehmen (51 – 1.000 Beschäftigte) und 1.191 Kleinunternehmen (1 – 51 Beschäftigte). Die Initiative fokussiert sich dabei vor allem auf die Sensibilisierung und Bekanntmachung der Diversity-Thematik. Sie sucht dafür Unternehmen als Unterzeichner der Charta, welche im Nachgang

Teil eines großen Netzwerkes werden. Außerdem wird Unterzeichnern das Logo der „Charta der Vielfalt" zur Nutzung zur Verfügung gestellt. Damit können diese als Arbeitgeber öffentlich Vielfalt zeigen und für sich werben. Die Hauptaufgaben des Vereins bestehen somit in der Öffentlichkeitsarbeit und Sensibilisierung sowie Neugewinnung von Unternehmen, der Vernetzung von Unternehmen zum Informationsaustausch, der Zertifizierung eines Unternehmens durch Name und Logo sowie der Veröffentlichung von Informationsmaterialien. Obwohl die Initiative bereits seit zwölf Jahren aktiv und der Vorreiter in Diversity-Angelegenheiten ist, hat nur eine geringe Prozentzahl der deutschen Unternehmen die Charta unterzeichnet. Eine mögliche Ursache kann die Verwaltungspauschale von 100 Euro darstellen, die Unternehmen zahlen müssen, wenn sie die Charta unterzeichnen wollen. Viele Unternehmen sehen den Nutzen- und Kostenaufwand sicherlich skeptisch.

„Wirtschaft Inklusiv" ist ein 2017-eingeführtes Beratungsprojekt in acht Bundesländern, welches ebenso wie die Charta der Vielfalt die Inklusion von behinderten Menschen in der freien Wirtschaft voranbringen möchte. Die Initiative fokussiert sich dabei verstärkt auf KMU. Je nach Bundesland arbeitet „Wirtschaft Inklusiv" mit unterschiedlichen Projektpartnern zusammen und versucht, Unternehmen bei juristischen und fachlichen Fragen zur Einstellung und Ausbildung von behinderten und schwerbehinderten Menschen, zur Seite zu stehen. Neben der persönlichen Beratung finden Stammtische statt. Diese informieren Arbeitgeber. dienen zur Vernetzung von regionalen Unternehmen und sollen zum Erfahrungsaustausch betragen. Weiterhin arbeitet die Initiative an einem bundesweiten Beratungsnetz für Arbeitgeber, denn Firmen brauchen einen konstanten Ansprechpartner in Inklusionsangelegenheiten, der langfristig unterstützt und unbürokratisch erreicht werden kann (Otto-Albrecht, 2015; o.V., 2015a). Neben den staatlichen Initiativen gibt es auch individuelle Projekte von Behinderteneinrichtungen, welche ihren Beitrag zur Inklusion von behinderten Menschen auf den allgemeinen Arbeitsmarkt leisten. Ein solches Projekt ist „Schritt für Schritt", welches von „Kleinwachau" dem Sächsischen Epilepsiezentrum Radeberg initiiert wurde. Die diakonische Einrichtung betreut Menschen mit Epilepsie und Behinderung in einem großen Gebäudekomplex, der ein Krankenhaus, Arbeits- und Wohnbereiche, eine Förderschule und eine Förder- und Betreuungsstätte umfasst. Die Einrichtung bietet somit eine Vielzahl von Möglichkeiten für jedes Lebensalter. Im Bereich Arbeit soll eine Eingliederung von Menschen mit Behinderung in das Arbeitsleben ermöglicht werden. Dabei haben Menschen, deren Behinderung eine maßgebliche Beeinträchtigung für den allgemeinen Arbeitsmarkt darstellt, die Möglichkeit, einer Tätigkeit in einer Werkstatt

nachzugehen und einen beruflich zertifizierten Bildungsabschluss zu erlangen. In dieser Zeit wird es den Personen außerdem ermöglicht, Praktika und Probebeschäftigungen zu absolvieren. Dabei können sich sowohl die Betroffenen, als auch der Arbeitgeber darüber bewusstwerden, ob beidseitige Erwartungen entsprochen wird und ein zukünftiges Arbeitsverhältnis entstehen kann. In diesem Zusammenhang hat „Kleinwachau" das Projekt „Schritt für Schritt" ins Leben gerufen, welches Menschen mit Behinderung in den Berufsalltag begleitet. Ein großes regionales Firmennetzwerk hilft dabei den geeigneten Arbeitsplatz für den Bewerber in der Region zu finden, denn Vorstellungen und Realität der Bewerber gehen nicht selten weit auseinander. Wie sich Menschen mit Behinderung in Sachsen ihre berufliche Zukunft vorstellen, wurde in einer Befragung von 95 Personen dargestellt. Dies stellt keinen repräsentativen Antwortkatalog dar, kann jedoch einen Einblick in die Vorstellungen der beruflichen Laufbahnen von Menschen mit Behinderung geben. Einige Befragte möchten gern weiterhin in einer Werkstatt arbeiten, da sie dies mit weniger Stress, Sicherheit und Erhaltung des Lebensstandards assoziieren. Andere möchte den Bereich einer Werkstatt verlassen um ihr Einkommen zu steigern und eigenständig zu leben. Durch den Übergang von einer Werkstatt in einen ausgelagerten Arbeitsplatz (siehe Kapitel 2.3.3.2), eine Inklusionsfirma oder ein sozialversichertes Arbeitsverhältnis ist dies möglich. Die Berufsideen der Befragten sind dabei breit gefächert und beziehen sich auf Tätigkeiten im sozialen Bereich, der Industrie und dem Dienstleistungssektor. Eine weitere Frage an die befragten Personen bezieht sich auf den Lerneffekt, welche eine Tätigkeit generieren soll. Dabei fallen die Antworten abermals individuell aus: von wenigen bis keinen Lernambitionen zu konkreten Zielen und Maßnahmen, wie diese erreicht werden können. Im Anhang befinden sich die Fragestellungen sowie die Antworten der Befragten, siehe

Anlage 5: Vorstellungen von Menschen mit Behinderung zum Berufsalltag.

2.3.3 Die Hauptakteure bei der Inklusion von Menschen mit Behinderung

Nachdem in den vorherigen Kapiteln auf Diversity Management, die Beschäftigungssituation behinderter und schwerbehinderter Menschen und rechtliche und politische Grundlagen eingegangen wurde, stellt dieses Kapitel einen Zusammenhang zwischen den Unternehmen, Einrichtung für Menschen mit Behinderung, den behinderten Menschen und den Maßnahmen von Politik und Gesellschaft her. Es soll dazu dienen die Ziele der jeweiligen Hauptakteure beim Thema Inklusion zu erläutern und ihre gegenseitige Einflussnahme erklären.

2.3.3.1 Industrieunternehmen

Insgesamt sind in Deutschland 3.476.193 Unternehmen registriert, wobei die Mehrzahl der Arbeitnehmer in KMU beschäftigt sind. Kleinstunternehmen nehmen den größten Anteil mit circa 90 Prozent der Unternehmen ein, gefolgt von kleinen und mittleren Unternehmen und Großunternehmen (0,42 Prozent). Obwohl die Kleinstunternehmen den größten Anteil an Gesamtunternehmen einnehmen, erwirtschaften Unternehmen mit mehr als 250 Mitarbeitern die Hälfte des deutschen Gesamtumsatzes. In diesen Unternehmen arbeiten circa 45 Prozent der sozialversicherten Arbeitnehmer (Statistisches Bundesamt, 2016). Unternehmen aller Branchen, somit auch der Industrie setzen sich vermehrt mit der Mitarbeitergewinnung und -bindung auseinander, da der demografische Wandel und der Fachkräftemangel einen großen Einfluss auf zukünftig erwartete Mitarbeiterzahlen und bereits bestehende Fachkräftelücken haben. Mittelständische Unternehmen der Industriebranche sehen den Fachkräftemangel sowie schwankende Rohstoffpreise und zunehmenden Wettbewerb als größte Probleme der jetzigen Zeit. Nichtsdestotrotz befindet sich das Betriebsklima der mittelständischen Industrieunternehmen auf einem Rekordniveau, da Mittelständler die Entwicklung ihrer Geschäftslage und Umsätze deutlich positiver bewerten, als in den Vorjahren. Dies beeinflusst die Bereitschaft zur Einstellung von neuen Mitarbeitern. 36 Prozent der 2.000 befragten Unternehmen planen die Schaffung zusätzlicher Stellen und lediglich 8 Prozent erwägen Stellenstreichungen. Allerdings haben 78 Prozent der Unternehmen Probleme dabei geeignete und qualifizierte Mitarbeiter zu finden. Aus diesem Grund müssen Aufträge oftmals abgelehnt und somit Umsatzeinbußen verbucht werden. Berechnungen gehen dabei von einem jährlichen Umsatzverlust im Mittelstand von 49 Milliarden Euro aus (Ernst & Young GmbH, 2018). Umso wichtiger sollte es für Unternehmen sein in der Personalbeschaffung und -entwicklung kreativ zu werden, um dieser Entwicklung soweit wie möglich entgegenzuwirken. Die Einstellung und Weiterbeschäftigung von Menschen mit Behinderung stellt eine wichtige Diversity-Dimension dar, welche Unternehmen unterstützen sollten. „Arbeit ist für alle Menschen die Basis für Wohlstand, Teilhabe an der Gesellschaft und ein selbstbestimmtes Leben." (Marx, 2015b, S. 2). Vorurteile und weitere Barrieren erschweren Menschen mit Behinderung oftmals den Eintritt auf den ersten Arbeitsmarkt und die Beschäftigung in einem sozialversicherten Arbeitsverhältnis. Vorurteile sind dabei unterschiedlicher Art und wurden bereits in vorherigen Kapiteln beleuchtet. Deshalb folgt nun lediglich eine Zusammenfassung der Vorurteile.

Anstatt die Stärken von Menschen mit Behinderung zu betrachten und diese als Vorteile für Unternehmen zu nutzen, fokussieren sich Arbeitgeber oftmals ausschließlich auf Defizite. Behinderungen werden meistens mit Defiziten und somit Leistungsverlust und steigenden Kosten gleichgesetzt. Außerdem befürchten Unternehmen einen Nachteil durch besondere Regelungen des Schwerbehindertenrechts, wie den Zusatzurlaub, zusätzliche Arzttermine oder den besonderen Kündigungsschutz (o.V., 2015a). Diese Bedenken und Vorurteile beweisen sich allerdings als nicht zutreffend, im Gegenteil ein Großteil der Arbeitnehmer ist mit den behinderten Beschäftigten zufrieden und kann keine Leistungsunterschiede oder höhere Fehlzeiten zwischen Arbeitnehmern mit und ohne Behinderung feststellen (Weise, 2013). Weiterhin erweist sich das Argument des Zusatzurlaubes und des Kündigungsschutzes als nichtig, da wie in Kapitel 2.2.2.3 erklärt wurde, ein Zusatzurlaub nur fünf Arbeitstage beträgt und eine ordentliche Kündigung ebenfalls bei Menschen mit Schwerbehinderung eingreift. Neben diesen Argumenten zählen Berührungsängste zu den Gründen, weshalb Menschen mit Behinderung nicht eingestellt werden. Trotz dieser Vorurteile gibt es einige Unternehmen aus verschiedenen Branchen und Größen, welche sich bereits der Thematik Inklusion von Menschen mit Behinderung gewidmet haben und ein erfolgreiches Konzept vorlegen. Unter anderem haben 2.866 Unternehmen bereits die Charta der Vielfalt unterzeichnet und weiterhin sind über 15.000 Unternehmen Teil des Unternehmernetzwerkes „Wirtschaft Inklusiv". Neben diesen Kennzahlen setzen sich auch eine Vielzahl von Unternehmen für Menschen mit Behinderung ein, ohne explizit eine Charta unterschrieben zu haben oder einer Initiative beigetreten zu sein (Böhm, Baumgärtner & Dwertmann, 2013). Ferner wissen die Mehrzahl der Unternehmen bereits über Fördermöglichkeiten des Staates Bescheid und nehmen diese meistens auch in Anspruch (Aktion Mensch e.V., 2016). Begünstigt wird die Inklusion von Menschen mit Behinderung durch eine offene und wertschätzende Unternehmenskultur. Außerdem hilft die Verankerung und schriftliche Fixierung von Grundsätzen um das Unternehmen auszurichten und dabei die gesamte Belegschaft einzuschließen. Ein „Change-Prozess" beeinflusst nach dem 7-S Modell von McKinsey nicht nur einzelne Bereich, sondern die gesamte Organisation. Beeinflusst werden dabei „harte" und „weiche" Faktoren. Zu den „harten Faktoren" zählen Strategie, Struktur und Systeme. Die „weichen Faktoren" umfassen Fähigkeiten (eng. skills), Mitarbeiter (eng. staff) und die Unternehmenskultur (eng. style). Harte und weiche Faktoren gruppieren sich um das gemeinsame Ziel- und Wertesystem (eng. shared values), siehe Anlage 6: 7-S Modell nach McKinsey. Aktivitäten im Bereich Human Resources spiegeln sich daher auf drei Ebenen wider: der Unternehmenskultur, dem Führungsstil und der Aufbau- und Ablauforganisation (Schawel & Billing, 2012). Um diesen Prozess erfolgreich umzusetzen sind überzeugte Führungskräfte ausschlaggebend. Sie dienen als Vermittler und Kommunikator zwischen den Führungspositionen eines Unternehmens und den Mitarbeitern, daher müssen diese überzeugt von einer Implementierung eines Diversity Konzepts sein, um dieses positiv vermitteln und Mitarbeiter motivieren zu können. Laut Unterzeichnern der „Charta der Vielfalt" ist deshalb die Durchführung von Führungskräftetrainings und -workshops die wichtigste zukünftige Diversity-Maßnahme (Ernst & Young GmbH, 2016).

2.3.3.2 Einrichtungen für Menschen mit Behinderung

Dieses Unterkapitel widmet sich den Einrichtungen für Menschen mit Behinderung, welche für den Bereich Arbeit relevant sind. Menschen mit Behinderung werden durch Berufsvorbereitungsprogramme auf eine zukünftige Anstellung in Unternehmen vorbereitet. Diese kann allgemein eine Arbeitserprobung, Vermittlung von Basisinhalten für bestimmte Qualifikationen und bildenden Unterricht enthalten. Die bekanntesten Formen sind das Berufsvorbereitungsjahr (BVJ) und das Berufsgrundbildungsjahr (BGJ). Vorbereitungsmaßnahmen sind in Deutschland je nach Bundesland unterschiedlich geregelt. Allgemein beinhaltet das BVJ eine fachpraktische und theoretische Vermittlung von Basisqualifikationen in unterschiedlichen Berufsfeldern, welche meist auch an die Tätigkeitsfelder einer Werkstatt angelehnt sind. Während des BVJs haben die Personen Zeit individuelle Fähigkeiten zu testen, um spätere berufliche Einstiegsmöglichkeiten zu differenzieren. Wenn das Jahr zu einem erfolgreichen Abschluss geführt wird, ist es möglich einen Hauptschulabschluss oder einen gleichwertigen Abschluss zu erreichen. Das BGJ ermöglicht Teilnehmern Grundqualifikationen in bestimmten Berufsfeldern wie zum

Beispiel Wirtschaft und Verwaltung zu erwerben. Dies kann in Form einer rein schulischen Fortbildung erfolgen oder Praxisphasen in einem Betrieb beinhalten. Neben dem BVJ und dem BGJ ist es zudem möglich eine Berufsfachschule zu besuchen, welche für Menschen mit Behinderung in besonderer Form angeboten werden (Adlhoch et al., 2014). Das sächsische Epilepsiezentrum „Kleinwachau" bietet ein Beispiel dafür wie ein Berufsbildungsbereich gestaltet sein kann. Die berufliche Bildung ist als duales System aufgebaut, welches ein Jahr vorrangig schulische Ausbildung beinhaltet und ein zweites Jahr vorrangig Praxisphasen umfasst. In dieser Zeit können die Teilnehmer in verschiedenen Bereichen arbeiten und somit ihre Fähigkeiten testen. Zudem werden sogenannte Praxisbausteine vermittelt, die sich auf verschiedene Felder im Berufsleben und des Werkstattbereichs beziehen. Wenn solche Praxisbausteine erfolgreich absolviert werden, zertifiziert dies eine zuständige Kammer. Praxisbausteine werden in den Bereichen: Metallbearbeitung, Industriemontage, Gebäudereinigung, Hauswirtschaft, Keramik, Küche, Tischlerei, Bürodienstleistungen sowie Garten- und Landschaftsbau angeboten.

Die Berufsvorbereitung ist unter anderem ein Teil der Ausbildung behinderter Menschen. Weiterhin arbeiten Menschen mit Behinderungen in Werkstätten wie in Kapitel 2.2.2.1 erläutert wird. In Deutschland existieren zurzeit 731 Werkstätten für Menschen mit Behinderung (BAG WfbM, 2017). Der durchschnittliche Verdienst eines Werkstattbeschäftigten beläuft sich auf 180 Euro monatlich. Das Gehalt umfasst einen Grundbetrag, einen Steigerungsbetrag in Abhängigkeit von der individuellen Arbeitsleistung und Arbeitsförderungsgeld. Zusätzlich erhalten Werkstattbeschäftigte einen besonderen Nachteilsausgleich, die Veranlagung in der Rente. Dies bedeutet, dass Rentenbeiträge aufgestockt werden und Personen mit durchschnittlich 400 Euro pro Monat bezuschusst werden (BAG WfbM, 2018). Man kann deutlich erkennen, dass der Verdienst in einer Werkstatt nicht hoch ist. Werkstätten bieten Menschen mit Behinderung, die nicht den Leistungskriterien des allgemeinen Arbeitsmarktes entsprechen, eine Möglichkeit der Beschäftigung. Sie unterstützen die Menschen auf ihrem Leistungsniveau bei der Arbeit und beim persönlichen Entwicklungsprozess. Außerdem ermöglichen sie behinderten Menschen mit einer höheren Leistungsfähigkeit und Willenskraft sich zu entwickeln und auf ein späteres Arbeitsverhältnis auf dem allgemeinen Arbeitsmarkt vorzubereiten. Weiterhin können Aufträge der Werkstatt von Arbeitgebern angerechnet werden lassen. Eine Anrechnung kann bis zu 50 Prozent des auf die Arbeitsleistung der Werkstatt entfallenden Rechnungsbetrags auf die Ausgleichsabgabe betragen (§ 140 Abs. 1 SGB IX).

Neben der Werkstatt unterstützen Einrichtungen für Menschen mit Behinderung ausgelagerte Arbeitsplätze und anderweitige Berufserfahrungen, wie z.B. Praktika. Außenarbeitsplätze sind als Maßnahme gedacht, Menschen mit Behinderung den Übergang auf den allgemeinen Arbeitsmarkt zu ermöglichen. Studien haben jedoch ergeben, dass nur eine geringe Prozentzahl derer, die Außenarbeitsplätze innehaben, in ein sozialversichertes Arbeitsverhältnis übergehen. Die Gründe dafür sind unterschiedlich. Unter anderem, haben Unternehmen sehr günstige Verträge mit den Werkstätten, wohingegen die Werkstätten einen wirtschaftlichen Mehrwert für sich geltend machen können (o.V., 2017a). Es sprechen einige Gründe für und gegen die Sinnhaftigkeit von ausgelagerten Arbeitsplätzen. Dafür sprechen zum Beispiel die Gewinnung von praktischen Erfahrungen und die Weiterentwicklung von sozialen Kompetenzen. Außerhalb der Werkstatt befinden sich Menschen mit Behinderung im natürlichen Unternehmensumfeld und erlangen einen weiteren Grad der Selbstverwirklichung. Zudem erhalten sie ein höheres Gehalt, was die Motivation fördert und Zufriedenheit steigert. Ferner erhalten sie weiterhin sozialpädagogische Betreuung, sind somit nicht auf sich allein gestellt und die Altersabsicherung bleibt zudem durch den Werkstattvertrag erhalten. Kritikpunkte sind unter anderem, dass der Arbeitgeber weniger Anreiz hat seine Arbeitgeberrolle zu übernehmen, da die Menschen über die Werkstatt beschäftigt sind. Bedenken bestehen daher, dass Menschen bei Krankheit flexibler ausgetauscht werden können. Zudem können Arbeitgeber, trotz geringer Lohnzahlung, die ausgelagerten Arbeitsplätze auf ihre Pflichtarbeitsplätze anrechnen und somit Kosten der Ausgleichsabgabe sparen. Ein Best-Practice Beispiel in Bezug auf ausgelagerte Arbeitsplätze wird in Kapitel 2.3.3.5 beschrieben. Als dritte Möglichkeit der Beschäftigung von Menschen mit Schwerbehinderung dienen Inklusionsbetriebe und -projekte. Im Jahr 2016 zählte man 879 Projekte in ganz Deutschland. Die Projekte bzw. Unternehmen sind in verschiedenen Branchen angesiedelt, hauptsächlich jedoch im Dienstleistungsbereich wie der Gastronomie, dem Handwerk und der Reinigung. Diese Unternehmen oder auch Abteilungen sind wirtschaftlich selbstständige Unternehmen und bieten schwerbehinderten Menschen eine Möglichkeit einer Beschäftigung. Allgemein beschäftigen Inklusionsunternehmen mindestens 25 Prozent und maximal 50 Prozent schwerbehinderte Arbeitnehmer (Adlhoch et al., 2014). Im Jahr 2016 beschäftigten Inklusionsunternehmen 11.959 schwerbehinderte Menschen und 13.976 Menschen mit Behinderung. 22 Prozent der Arbeitnehmer zeigten eine geistige Behinderung, 29 Prozent eine seelische Beeinträchtigung und 49 Prozent eine andere Art der Behinderung (o.V., 2016c). Beschäftige von Inklusionsunternehmen befinden sich in einem sozialversicherten

Beschäftigungsverhältnis und erhalten keine zusätzliche sozialpädagogische Betreuung, wie bei ausgelagerten Arbeitsplätzen. Es muss deshalb realisierbar sein, dass Beschäftigte entsprechende Arbeitsleistungen eines Berufsalltags, von bis zu acht Stunden täglich, leisten können. Inklusionsunternehmen werden aus den Einnahmen der Ausgleichsabgabe, dem Ausgleichsfond, für unternehmensinterne Zwecke finanziell bezuschusst. Neben der Erreichung von Unternehmenszielen besteht ihre Hauptaufgabe darin Menschen mit Behinderung, welche vorher in einer WfbM tätig waren, die Möglichkeit zu geben sich in einem Sozialversichertenverhältnis zurechtzufinden und als Vorbereitung für weitere Arbeitsverhältnisse zu dienen.

2.3.3.3 Menschen mit Behinderung

Menschen mit Behinderung haben verschiedene Möglichkeiten eine Tätigkeit auszuüben. Dabei ist dies immer in Abhängigkeit der individuellen Behinderung zu betrachten. Einflussgrößen darauf sind die Art und Schwere der Behinderung sowie der Aspekt, ob eine Behinderung erworben wurde oder angeboren ist. Eine erworbene Behinderung kann sich stark auf das psychische Befinden einer Person auswirken, da unterschiedliche Charaktere verschieden mit Lebenswandeln umgehen. Eine Werkstatt, ein ausgelagerter Arbeitsplatz oder ein Inklusionsunternehmen bieten Arbeitsmöglichkeiten, sowohl für Menschen mit angeborenen Behinderungen als auch für Menschen mit erworbenen Beeinträchtigungen. Sie können diese Art der Beschäftigung als Möglichkeit der beruflichen Wiedereingliederung wahrnehmen. Weiterhin ist Arbeit ein essentieller Aspekt des Lebens und der Selbstverwirklichung eines Menschen, da Arbeit neben Existenzsicherung, soziale Identität schafft und eine Positionierung in der Gesellschaft ermöglicht (Dederich et al., 2016).

2.3.3.4 Politik und Gesellschaft

Allgemein kann bestätigt werden, dass politische und gesellschaftliche Maßnahmen Auswirkungen auf die Inklusionsthematik haben. Politische Institutionen und Maßnahmen verhelfen zu einer Sensibilisierung der Gesellschaft sowie zu einer Richtungssteuerung von Industrieunternehmen. Dies wurde vor allem durch die UN-Behindertenrechtskonvention begünstigt. Seit diesem Zeitpunkt wurden verschiedene Gesetzentwürfe verabschiedet, wie in Kapitel 2.3.1 erläutert und andere Maßnahmen, wie Projekte und Aktionspläne entworfen, um Inklusion in Unternehmen zu begünstigen. Die staatliche Unterstützung wird von Unternehmen mit 51 Prozent als sehr gut und eher gut bewertet und zu 39 Prozent als eher schlecht und schlecht. Der bürokratische Aufwand ist im Allgemeinen, in allen Feldern des Personalbereichs, sehr groß somit auch im Bereich der Einstellung von Menschen mit Behinderung (Aktion Mensch e.V., 2016). Neben diesen bereits erläuterten Maßnahmen begünstigt der Staat außerdem die Abschaffung von Werkstätten, da diese unter anderem nicht zu dem gewünschten Effekt führen, dass Arbeitnehmer in Erwerbstätigkeiten übergehen, sondern in einem Werkstattbeschäftigungsverhältnis bleiben. Diese Abschaffung soll somit zur Einstellung von Menschen mit Behinderung in Unternehmen beitragen. Jedoch entlastet dies auch die öffentliche Hand, da Kosten eingespart werden können, wenn Menschen in Erwerbstätigkeit übergehen. Inklusion kann daher nicht nur positiv betrachtet werden, sondern muss auch wichtigen Kritikpunkten gegenübergestellt werden. Am Anfang dieser Forschungsarbeit wurde der Begriff Inklusion differenziert von dem Begriff Integration betrachtet: „Inklusion hingegen beschreibt die Anpassung dieser Umwelt an die Bedürfnisse und Voraussetzungen der abweichenden Gruppe.". Hier stellt sich jedoch die Frage, wann spricht man von Exklusion und wann von Inklusion einer Person? Dafür sind keine klaren Grenzen definiert. Ist eine Person sofort exkludiert, wenn diese einer Randgruppe angehört? Ist eine Person wiederum automatisch inkludiert, wenn sie in die Gesellschaft aufgenommen wird oder ein sozialversichertes Arbeitsverhältnis eingeht? Dies ist stark zu bezweifeln, denn individuelle Umstände, wie die Akzeptanz durch den Kollegenkreis sind große Einflussgrößen, die nicht immer gegeben sind. Zudem führt die Beschäftigung in einem sozialversicherten Arbeitsverhältnis zwar zu einem erhöhten Einkommen, jedoch nicht automatisch zu geringerer Armut und keiner Abhängigkeit von Sozialleistungen. Weiterhin ist das Gesellschaftskonstrukt eines Landes entscheidend. Die deutsche Gesellschaft ist sehr leistungsorientiert ausgerichtet und die Arbeitsleistung ist eines der wichtigsten Kriterien bei der Arbeitsbewertung von Arbeitnehmern. Dieser Leistung und diesen Ansprüchen können einige Menschen mit Behinderung nicht gerecht werden. Deshalb ist es ausschlaggebend, Inklusion differenziert zu betrachten und nicht davon auszugehen, jede Person inkludieren zu müssen. Denn Selbstverwirklichungspotenziale können sich, wenn falsch bewertet, in Leistungsdruck auswirken und eine gegensätzliche Wirkung erzeugen. Somit erzielt Arbeit keine positive Wirkung auf den Arbeitnehmer, sondern schmälert die Motivation und Zufriedenheit und letztendlich auch die Produktivität. Die Einstellung von Menschen mit Behinderung in einem sozialversichertes Arbeitsverhältnis muss immer in Abhängigkeit von der Behinderung und individuellen Neigung Sinn ergeben (Becker, 2015).

2.3.3.5 Best Practice-Beispiel: Ausgelagerte Arbeitsplätze bei Hansa-Flex

Ein positives Beispiel für ausgelagerte Arbeitsplätze und die Vergabe von Praktika weist das Unternehmen Hansa-Flex am Standort Weixdorf bei Dresden auf. Hansa-Flex ist ein Systemanbieter für Hydraulik und Fluidtechnik und zählt insgesamt 422 Niederlassungen, davon 191 in Deutschland (HANSA-FLEX AG, 2007). Der Standort Weixdorf steht seit zehn Jahren in Kooperation mit dem sächsischen Epilepsiezentrum „Kleinwachau" und dessen Werkstätten. Die ausgelagerten Arbeitsplätze sind aus dem Grund entstanden, da vorher Aufträge an die „Kleinwachauer Werkstätten" erteilt wurden und diese jedoch zu hohe Fehlerquoten aufwiesen. Im Gespräch mit der Inklusionsbeauftragten wurde anschließend der Versuch gestartet, Menschen mit Behinderung in das Unternehmen zu inkludieren und somit eine bessere Kontrolle über Arbeitsschritte zu besitzen. Das Projekt „Schritt für Schritt" ist gelungen, denn zurzeit arbeiten drei schwerbehinderte Menschen auf ausgelagerten Arbeitsplätzen in der Abteilung Warenausgang. Der Leiter des Warenausgangs, welcher auch die Personen aus „Kleinwachau" betreut, bestätigt, dass die Zusammenarbeit am Anfang nicht immer einfach war, da man sich aufeinander einstellen und Arbeitsschritte anders erklären musste. Jedoch ist er mit seinen jetzigen Arbeitnehmern äußerst zufrieden. Ein Arbeitnehmer, Johannes Schneider, ist bereits seit sieben Jahren bei Hansa-Flex tätig und mit seinen Tätigkeiten sehr zufrieden. Diese Zufriedenheit beruht auf Gegenseitigkeit, bestätigt der Abteilungsleiter Herr Lehmann. Die Zusammenarbeit mit Menschen mit Behinderung ist individuell sehr unterschiedlich und kann zu positiven, wie negativen Folgen führen. Herr Lehmann achtet besonders darauf den Arbeitnehmern Rotationsmöglichkeiten während der Arbeit zu bieten damit etwas mehr Abwechslung garantiert ist. Außerdem ist es wichtig am Anfang die richtigen Tätigkeiten herausfinden, welche der Arbeitnehmer besonders gut beherrscht und ausführen kann. Johannes' Arbeitsweise zeichnet sich durch äußerste Präzision, Verlässlichkeit und Pünktlichkeit aus. Interessiert an diesem Konzept, lud die Zentrale des Unternehmens, Herrn Lehmann und Johannes nach Bremen ein, um das Projekt näher vorzustellen. Dabei stieß dies auf Begeisterung und führte dazu, dass schwerbehinderte Menschen auch am Hauptstandort inkludiert werden sollten. Herr Lehmann setzt sich intensiv mit den schwerbehinderten Arbeitnehmern auseinander. Er bestätigt, dass eine Unternehmenskultur von Wertschätzung und Respekt geprägt sein muss, um eine gelungene Zusammenarbeit zu garantieren. Herr Lehmann ist sehr engagiert, die Personen auf den ausgelagerten Arbeitsplätzen zu inkludieren und dieses Engagement spiegelt sich in der Motivation der Mitarbeiter wider. Das Arbeitsverhalten und die Arbeitsleistung von Arbeitnehmern und Praktikanten wird durch Auswertungsbögen bewertet. Die Evaluation verdeutlicht, ob ein Arbeitnehmer für einen Arbeitsplatz bei Hansa-Flex geeignet ist oder nicht. In der Vergangenheit haben Mitarbeiter von Herrn Lehmann auch in anderen Abteilungen des Standorts Anstellungen gefunden. Jedoch mussten Mitarbeiter auf ausgelagerten Arbeitsplätzen unter anderem auch aus verhaltensbedingten Gründen gekündigt bzw. in die Werkstatt zurückgeführt werden. Gleichzeitig entschieden auch Menschen mit Behinderung für sich selbst in die Werkstatt zurückkehren zu wollen. Ein weiterer wichtiger Punkt, welcher durch die Zusammenarbeit zwischen Einrichtung und Unternehmen deutlich wurde, ist, dass die Ansprechpartner von Einrichtungen für Menschen mit Behinderung möglichst gleichbleiben sollen. Durch ständige Wechsel von Ansprechpersonen werden nicht nur die Unternehmen, sondern auch die Menschen mit Behinderung irritiert. Das Beispiel Hansa-Flex zeigt sehr gut, wie Menschen mit Behinderung inkludiert werden können, auch wenn diese nicht in einem sozialversicherten Arbeitsverhältnis arbeiten. Das Unternehmen selbst ist für dessen Erfolg verantwortlich. Das Engagement des Abteilungsleiters wirkt sich auf die Arbeitszufriedenheit und Motivation der Mitarbeiter aus, gleichzeitig behandelt der Herr Lehmann alle Mitarbeiter gleich und erreicht dadurch, dass Menschen mit Behinderung keine differenzierten Verhaltensweisen im Gegensatz zu anderen Mitarbeitern aufweisen (G., 21.02.2018; o.V., 2014).

3 Empirischer Teil

Um aus den theoretischen Kenntnissen relevante Informationen für die Praxis zu gewinnen und Hypothesen zu bilden, schließt sich nun ein empirischer Teil an den Theorieteil an. Als Forschungsdesign wurde die qualitative Inhaltsanalyse nach Mayring gewählt. Aus diesem Grund erfolgt eine Hypothesenbildung am Ende dieser Arbeit, nachdem die Forschungsgestände untersucht und ausgewertet wurden. In diesem Kapitel soll der Forschungsfrage nachgegangen werden, um herauszufinden, welche Denkansätze und auch Barrieren in KMUs gibt, wenn man von der Eingliederung von Menschen mit Behinderung spricht. Das Kapitel ist dabei in drei Hauptkategorien untergliedert: das methodische Vorgehen, die Ergebnisdarstellung und die Deutung und Diskussion der Ergebnisse.

3.1 Methodisches Vorgehen

Im nachfolgenden Kapitel wird dargelegt welche Methode für die empirische Forschung gewählt und aus welchem Grund diese gewählt wurde. Außerdem werden die Vorbereitung und der Ablauf der empirischen Forschung dargestellt und erläutert.

3.1.1 Die qualitative Inhaltsanalyse nach Mayring

Die qualitative Inhaltsanalyse wurde zu Beginn als kommunikationswissenschaftliche Maßnahme entwickelt, um den Zusammenhang zwischen Massenmedien und deren gesellschaftlichen Einfluss analysieren zu können. Für die Darstellung dieses Zusammenhangs wurden zuerst quantitative Methoden gewählt, jedoch wurde an diesen Methoden Kritik laut und daraus erfolgte schlussendlich die Entwicklung einer qualitativen Methodik. Die qualitative Inhaltsanalyse nach Mayring ist methodisch streng geleitet. Zuerst bildet man mit Hilfe erworbener Theoriekenntnisse ein Kategoriensystem, das in der Forschungsuntersuchung angewendet wird, um Erkenntnisse zu gewinnen. Nachdem die Untersuchung durchgeführt wurde, können außerdem weitere (induktive) Kategorien entwickelt werden, die sich aus der systematischen Sichtung des Textmaterials ergeben. Nachdem eine endgültige Kategorienbildung stattgefunden hat und das Untersuchungsmaterial vorliegt, können alle Untersuchungsmaterialien mit Hilfe des Kategoriensystems analysiert werden. Diesen Vorgang nennt man Codieren. Am Ende dieses Prozesses werden die analysierten Textbestandteile ausgewertet und letztendlich im größeren Rahmen, zusammen mit den theoretischen Kenntnissen diskutiert (Mayring, 2015). Die einzelnen Schritte werden in den nachfolgenden Kapiteln genauer erläutert.

3.1.1.1 Die Befragungsmethode: Das Experteninterview

Im Allgemeinen dient das Experteninterview dazu Personen zu befragen, die in Hinblick auf die Forschungsfrage Experten dieser Thematik sind. Im Fall der vorliegenden Arbeit wären dies Akteure, welche bei der Inklusion von Menschen mit Behinderung in Unternehmen eine tragende Rolle spielen. Da die Thematik aus einem unternehmerischen Blickwinkel betrachtet werden soll, sind Arbeitnehmer von Unternehmen mit einer höheren Stellung die geeigneten Interviewpartner. Die Auswahl der Experten basiert daher auf einem voluntaristischen Expertenbegriff, der aussagt, dass alle Menschen Experten für ihren Lebensbereich und bestimmte Situationen darstellen können. In der Theorie kann man zwischen verschiedenen Interviewformen wie explorativen, systematisierenden und theoriegenerierenden Interviews unterscheiden. Das explorative Interview ist dabei ein Instrument zur Datenerhebung, welches sowohl in der qualitativen als auch quantitativen Forschung angewendet wird. Diese Art des Interviews kann als eine Art Orientierung dienen und das Problembewusstsein des Interviewers schärfen. Das Interview selbst soll offen geführt werden, jedoch mit Hilfe eines Leitfadens eine gewisse Strukturierung vorgeben. Das systematisierende Experteninterview ist dem explorativen Interview ähnlich, jedoch wird hier der Experte noch mehr als Ratgeber wahrgenommen, der dem Interviewer nichtvorhandenes Fachwissen darlegt. Ziel des Interviews ist somit eine systematische Informationsgewinnung. Das theoriegenerierende Interview fokussiert sich hingegen auf die Analyse von gewonnenen Expertenwissen, um am Ende der Forschungsarbeit eine formale Theorie entwickeln zu können. Diese Forschungsarbeit wurde mit Hilfe des explorativen Interviews durchgeführt. Ein zuvor erarbeiteter Leitfaden diente zur Strukturierung des Interviews, jedoch ermöglichte die Verwendung von Erzählimpulsen ein offenes Gespräch und überließ die Gesprächsführung zum Teil den befragten Personen (Bogner, 2005; Gläser & Laudel, 2010).

Die qualitative Forschung bietet, genau wie die quantitative Forschung ihre Vorteile und Grenzen. Ein Vorteil ist, dass man den allgemeinen Kontext besser berücksichtigen, Sinnstrukturen klarer erfassen, auf Einzelfälle eingehen und neue Gesichtspunkte entwickeln kann, welche im Nachgang durch die induktive Kategorienbildung in die Forschung integriert werden. Zudem kann die Thematik den befragten Personen durch ein persönliches Gespräch nähergebracht werden. Verständnisprobleme oder falsche Interpretationsmöglichkeiten bei Fragestellungen können identifiziert und berichtigt werden. Außerdem ist es den Interviewteilnehmern möglich, persönliche Erfahrungen zu schildern und somit dem Gesprächspartner neue Blickwinkel auf eine Thematik zu geben. In der Arbeit werden Gründe für bestimmte Handlungsweisen von Unternehmen untersucht. Dies legt eine qualitative Auseinandersetzung mit der Thematik nahe. Durch die streng methodische Vorgehensweise ist eine Einordnung der Interviews in einem größeren Untersuchungszusammenhang möglich. Die qualitative Inhaltsangabe birgt dahingehend Grenzen , dass darauf geachtet werden muss, dass das Untersuchungsdesign im Verlauf nicht zu unflexibel wird und sich zu stark der quantitativen Methodik nähert. Dies ist besonders bei einem Experteninterview entscheidend, wenn der Befragte im Gespräch unterbrochen wird, der Interviewer auf bestimmte Aspekte zu sehr oder wenig eingeht und somit falsche Impulse setzt. Weiterhin ist es möglich, dass bestimmte Fragen zu Kategorien ausgelassen werden und somit Informationen für eine schlussendliche Auswertung fehlen bzw. differenziert zu betrachten sind. Außerdem basiert die Auswertung der Interviews auf Interpretationen des Forschenden, wobei dieser möglicherweise durch subjektive Erfahrungen der Interviews beeinflusst ist und dies die Objektivität mindern kann (Gläser & Laudel, 2010; Mayring, 2015).

3.1.1.2 Die deduktive Kategorienbildung

Die deduktive Kategorienbildung bildet die Grundlage für ein später durchzuführendes Interview. Deduktive Kategorien werden aus der Theorie gewonnen und stellen Annahmen dar, die aufgrund des generierten Fachwissens gesammelt wurden und in Zusammenhang mit der Beantwortung der Forschungsfrage stehen. Die Entwicklung der Kategorien ist sowohl wesentlicher Bestandteil für die Ausarbeitung des Interviewleitfadens, als auch für die abschließende Auswertung der Interviews. Dabei ist zu beachten, dass anhand der Forschungsfrage wichtige Schlüsselbegriffe identifiziert werden und diese anschließend als Kategorien definiert werden. Dabei können unter anderem Oberkategorien und Unterkategorien festgelegt werden, um eine Befragung übersichtlicher zu gestalten (Mayring, 2015). In diesem Zusammenhang wurde zuerst ein Brainstorming durchgeführt um wichtige Schlüsselbegriffe zu identifizieren und damit verbundene Fakten abzugrenzen. Daraus wurden wiederum erste Inhalte zu möglichen Fragenstellungen entwickelt. Aus diesen Inhalten wurde darauffolgend ein erstes Kategoriensystem entwickelt, welches kontinuierlich bearbeitet wurde (Anlage 7: Vorläufiges Kategoriensystem). Während des fortlaufenden Bearbeitungsprozesses entstand ein vollständiges deduktives Kategoriensystem, das aus fünf Oberkategorien und 14 Unterkategorien bestand (Anlage 8: Kategoriensystem deduktiv).

3.1.1.3 Die Interviewvorbereitung

Nachdem ein deduktives Kategoriensystem festgelegt wurde und deutlich war, welche Sachverhalte im Interview geprüft werden müssen, wurde ein Leitfaden für die Interviews erstellt. Bei der Leitfadenerstellung mussten unterschiedliche Fragentypen betrachtet werden, welche dazu dienen, möglichst viel Informationen zu gewinnen. Diese Findung von Fragen fasst man im Verlauf unter Leifragen bzw. Erzählimpulsen zusammen. Im Allgemeinen dienen Erzählimpulse dazu, dass die Befragten möglichst viel von sich aus erzählen und somit sollen wenige Erzählimpulse eine große Anzahl an Kategorien umfassen. Weiterhin enthält ein Leitfaden Memospalten und Fragen zur Aufrechterhaltung des Gesprächsflusses. In der Memospalte können die Kategorien notiert werden, die mit dem jeweiligen Erzählimpuls erfragt werden sollen. Die dritte Spalte eines Leitfadens beinhaltet Fragen, welche dabei helfen einen möglichst regen Erzählfluss zu unterstützen (=Aufrechterhaltungsfragen).

In Bezug auf diese Forschungsarbeit wurden zuerst Fragen gesammelt, die als notwendig angesehen wurden, um Antworten auf die deduktive-entwickelten Kategorien zu erhalten. Diese Fragen wurden anschließend überprüft, sortiert und letztendlich zu Erzählimpulsen summiert. Dabei wurde auf die Anwendung von unterschiedlichen Fragetypen geachtet. Dazu zählen die Erzählaufforderungen, Steuerungsfragen, Aufrechterhaltungsfragen und hypothetische Fragen. Erzählaufforderungen sind der wichtigste Bestandteil eines Interviews, da diese auf die Erfragung inhaltlich wichtiger Aspekte abzielen. Jedoch dürfen sie nie die Erfragung der Forschungsfrage beinhalten. Steuerungsfragen dienen zu Präzisierung von Gesagtem und können damit den Interviewverlauf enorm beeinflussen, indem sie eine neue Richtung vorgeben oder der Gesprächspartner in neue Details übergeht. Die Aufrechterhaltungsfragen dienen hingegen dazu den Gesprächsverlauf weiterzuführen, Pausen zu füllen oder genauer nachzufragen, um weitere Details zu erfahren. Die hypothetischen Fragen versetzen den Befragten in eine praxisnahe Situation und können somit dessen Meinung oder Prognose untersuchen. Leitfäden können bei der Befragung einer Zielgruppe einheitlich gestaltet sein, allerdings muss man die Leitfadenstruktur bei unterschiedlichen Zielgruppen anpassen. Im Fall dieser Arbeit wurde die Grundstruktur des Leitfadens beibehalten und es wurden nur kleine inhaltliche Änderungen bei den Erzählimpulsen vorgenommen, um auf die jeweilige Unternehmenssituation und dessen Erfahrung mit Menschen mit Behinderung eingehen zu können. Nachdem die grobe Leitfragenstruktur entwickelt war, wurde ein Pre-Test durchgeführt. Dieser diente dazu, den Leitfaden zu erproben und mögliche Schwächen der Interviewführung zu erkennen. Nachdem Anpassungen erfolgt waren, bestand der Interviewleitfaden aus vier bis fünf großen Erzählimpulsen. Der erste Erzählimpuls umfasste eine Aufforderung an den Interviewpartner das eigene Unternehmen etwas zu erläutern und zielte außerdem auf die Auseinandersetzung des Unternehmens mit Inklusion von Menschen mit Behinderung ab. Somit sollten die befragten Personen darauf eingehen, ob sich das Unternehmen bereits thematisch mit der Einstellung von Menschen mit Schwerbehinderung auseinandergesetzt hat und ob bereits schwerbehinderte Arbeitnehmer angestellt sind. Weiterhin sollte deutlich werden, ob das Unternehmen Initiativ- und Kooperationsbereitschaft zeigt, ob es über Förderungsmittel informiert ist und bereits Unterstützung in Anspruch genommen hat. Der zweite Erzählimpuls zielte vor allem auf den Wissensstand der befragten Personen in Bezug auf politische Instrumente, wie die Ausgleichsabgabe ab und sollte Aufschluss darüber geben, wie politische Instrumente bewertet werden und ob eine Erfüllung von Pflichtarbeitsplätzen gegeben ist. Der dritte Erzählimpuls fokussierte sich auf die Unternehmenskultur und die Rolle der Mitarbeiter im Unternehmen, wohingegen der vierte und letzte Erzählimpuls die Rolle der Führungskräfte aufgriff. Das Beispiel eines Leitfadens befindet sich im Anhang unter Anlage 9: Leitfaden Beispiel.

Nach der zweimaligen Durchführung des Pre-Tests und der endgültigen Anpassung der groben Leitfadenstruktur wurden die Interviewpartner ausgewählt (Dresing & Pehl, 2018; Kuckartz, 2016).

3.1.1.4 Auswahl der Interviewpartner

Mögliche Interviewpartner sollten Personen mit einer hohen Stellung in Unternehmen sein, da diese Entscheidungsgewalt besitzen und am besten über das Unternehmen informiert sind. Dazu zählen etwa GeschäftsführerInnen, LeiterInnen und PersonalleiterInnen. Entscheidungen zu Einstellungen von Mitarbeitern werden von der Geschäftsleitung sowie der Personalabteilung und Abteilungsleitern getroffen. Diese Personen kennen die genauen Abläufe des Unternehmens sowie dessen Unternehmenskultur. Ein weiteres Kriterium bei der Auswahl von Interviewpartnern war die Unterschiedlichkeit von Unternehmensgröße, Art und Branche um etwaige Unterschiede und Gemeinsamkeiten festzustellen und möglichst verschiedene Blickpunkte einzufangen. Mit diesen Kriterien wurden im Anschluss vier Interviewpartner ausgewählt, welche Tabelle 2: Auswahl der Interviewteilnehmer dargestellt sind (Anhang).

Das Unternehmen 1 ist ein Industrieunternehmen, welches sich speziell mit Fluid-technologie beschäftigt. Das Unternehmen besteht aus einer Hauptgesellschaft und 35 Tochtergesellschaften sowie fünf Systemhäusern und ist ein international agierendes Unternehmen mit mehr als 2.500 Mitarbeitern und einem Umsatz von 456,24 Mio. Euro. Das Interview wurde mit dem Standortleiter eines der Systemhäuser durchgeführt, an dem ca. 60 Mitarbeiter tätig sind (o.V., 2016f). Das Unternehmen 2 ist ein mittelständisches Unternehmen der Medizin- und Gesundheitsbranche mit insgesamt 19 Sanitätshäusern. Das Unternehmen umfasst 160 Mitarbeiter und kann einen Umsatz von zehn Mio. Euro verzeichnen (Hoppenstedt Hochschuldatenbank, o.J.b). Das dritte Unternehmen ist das erste trägerübergreifende Inklusionsunternehmen in Mitteldeutschland und vergibt bis zu 50 Prozent der Arbeitsplätze an Menschen mit Behinderung. Zurzeit beschäftigt das Unternehmen 46 Mitarbeiter, davon 21 Mitarbeiter mit einer Behinderung oder chronischen Erkrankung. Als Dienstleister bietet das Unternehmen verschiedene Services wie Hausmeisterservice, Gebäudereinigung und Hauswirtschaftsservice an (o.V., 2016e). Das vierte Unternehmen findet sich in der Industrie- und Handelsbranche wieder. Als traditionsreiches Unternehmen ist es auf die Produktion und den Vertrieb von Bier und alkoholfreien Getränken fokussiert. Neben dem Hauptsitz, an dem das Interview durchgeführt wurde, umfasst das Unternehmen 13 Tochterunternehmen mit insgesamt 900 Mitarbeitern und verzeichnet einen Umsatz von 221 Mio. Euro (Hoppenstedt Hochschuldatenbank, o.J.a).

3.1.2 Empirisch-qualitative Datenerhebung

Die nachfolgenden Unterkapitel erläutern die Planung sowie den Ablauf der Untersuchungen und der Interviews. Diese Erläuterungen sollen einen Einblick in den Ablauf der Untersuchungen geben und die Interviewsituationen widerspiegeln.

3.1.2.1 Planung und zeitlicher Ablauf der Untersuchung

Die erste Kontaktaufnahme mit den Unternehmen erfolgte im Januar 2018. Sie wurden per E-Mail über den Forschungsgegenstand informiert und gefragt, ob sie einem Interview zur Thematik zustimmen würden. Daraufhin folgten von allen Unternehmen positive Zusagen und Termine zur Interviewführung konnten vereinbart werden. Der Untersuchungszeitraum beschränkte sich auf den 12.02.2018 bis 22.02.2018. Vor Durchführung eines jeden Interviews wurde den Befragten ein kurzer Reminder sowie die Interviewvereinbarung zugesendet. Diese bestätigte, dass alle durch das Interview erhaltenen Informationen in anonymisierter Form verwendet werden. Am Tag des Interviews wurden die Interviewvereinbarungen von beiden Parteien unterschrieben, dabei blieb jeweils ein Exemplar bei dem Befragten und ein Exemplar erhielt der Interviewer. Aufgrund der Anonymisierung befinden sich die einzelnen Interviewvereinbarungen nicht im Anhang, sondern lediglich ein Beispiel der Vereinbarung (siehe Anlage 10: Interviewvereinbarung). Alle Unternehmen, bis auf Unternehmen 4, konnten vereinbarte Termine sofort wahrnehmen. Mit Unternehmen 4 wurde ein weiterer Interviewtermin vereinbart, welcher wahrgenommen werden konnte. Die Interviews wurden im jeweiligen Unternehmen geführt und es wurde jeweils ein Zeitraum von einer Stunde für den Interviewtermin blockiert.

3.1.2.2 Interviewdurchführung

Das folgende Kapitel beschreibt die Interviewabläufe der vier verschiedenen Unternehmen. Dabei wird nicht auf jede Frage und Antwort einzeln eingegangen. Vielmehr soll die Atmosphäre des Interviews und eine Zusammenfassung widergespiegelt werden. Außerdem dient dieses Kapitel der Selbstreflexion während des Interviews.

Zu Beginn der Interviews erfolgte eine gegenseitige Vorstellung, gefolgt von einer kurzen Erläuterung der Thematik. Dieser Einstieg sah in etwa wie folgt aus: „Die Bachelorarbeit beschäftigt sich mit dem Thema Inklusion von Menschen mit Behinderung in Unternehmen. Dabei soll erörtert werden, inwieweit Inklusion vorangeschritten ist und welche Handlungsmaßnahmen für die Zukunft wichtig sind." Dieser Einstieg erfolgte bei allen Unternehmen. Danach wurden etwaige Fragen vorab geklärt. Nachdem die Befragten der Aufzeichnung des Interviews zugestimmt hatten, wurde mit dem Interview begonnen.

Unternehmen 1

Das Interview mit dem Standortleiter dieses Unternehmens dauerte ca. eine halbe Stunde und war von Anfang an von einer interessierten und offenen Atmosphäre geprägt. Der Befragte stellte das eigene Unternehmen mit viel Engagement vor und nannte viele Details zur Firmengeschichte und der Gründerfamilie des Unternehmens. Diese positive Einstellung zum Unternehmen führte sich durch den gesamten Gesprächsverlauf fort. Der Befragte selbst sprach von einer offenen, unterstützenden Unternehmenskultur mit flachen Hierarchien. Die durchweg positive Einstellung zum Unternehmen ließ sich auch daher begründen, dass sich der Befragte vor einigen Jahren selbst in einer gesundheitlich schlechten Position befand und aufgrund dessen für einige Zeit krankheitsbedingt fehlte. Durch seine hohe Position als Standortleiter dachte er deshalb, dass seine Karriere damit beendet wäre, jedoch war das Gegenteil der Fall. Er wurde von der Geschäftsführung und seinem Team unterstützt und konnte nach einiger Zeit in seinen Beruf zurückkehren. In einem Zeitraum von fünf Jahre zählte auch er zu Menschen mit Schwerbehinderung, da er durch seine Krankheit einen GdB von 50 erhielt. Das Unternehmen ist als Familienunternehmen mit Stiftungscharakter von einer offenen und wertschätzenden Unternehmenskultur geprägt. Die Unternehmenskultur ist in einem Verhaltenskodex schriftlich verfasst, dies ist am Standort durch Flyer und Plakate präsent und wird zudem auch im Unternehmen gelebt. Der Interviewte erzählte, dass bereits Board Member mit sofortiger Wirkung ihrer Verantwortung entsagt wurden, als sie gegen den Verhaltenskodex verstießen. Am Standort der Befragung, welcher nicht die Hauptzentrale war, gab es ca. drei schwerbehinderte Arbeitnehmer. Während des Interviews war auffällig, dass der Befragte zuerst glaubte, keine Menschen mit Schwerbehinderung zu beschäftigen. Er korrigierte sich jedoch, als er bei genauerem Nachdenken merkte, dass doch einige Mitarbeiter in der Vergangenheit und gegenwärtig, zu Menschen mit Schwerbehinderung zählten und zählen. Man konnte feststellen, dass er an der Thematik interessiert war und sich in die Thematik hineindachte. Ein Grund für dieses Interesse könnte die persönliche Verbindung zum Thema sein, da bereits ein Krankheitsbild und eine Einstufung des GdB bestand. Als Standortleiter hatte er noch nicht von der Ausgleichsabgabe und ähnlichen Quoten gehört, da sich die Personalabteilung in der Hauptzentrale befand und eine dort ansässige Personalreferentin für die Personalfragen verantwortlich ist. Jedoch erklärte der Interviewte von sich aus, dass er gerne darüber in Kenntnis gesetzt worden wäre, wenn solche Quoten zu beachten sind. Dennoch nimmt er an, dass das Unternehmen durch Einstellungen von Mitarbeitern mit Schwerbehinderung und Aufträge an Behindertenwerkstätten, die Ausgleichsabgabe größtenteils erfüllt und deswegen eine In-Kenntnissetzung nicht nötig sei. Quoten hielt der Befragte allgemein nicht für sinnvoll, da die Unternehmenskultur diese Werte vermitteln müsse und sie durch Quoten fehlgesteuert würden. Allgemein erachtete der Standortleiter die Anstellung sowie Ausbildung von Menschen mit Behinderung nicht als Problem, sondern als Selbstverständlich- und Notwendigkeit, da die meisten Menschen im Laufe ihres Lebens erkranken und ihnen weiterhin eine Chance auf einen normalen Lebensalltag geboten werden sollte. In dem eigenen Unternehmen ist eine Beschäftigung sehr gut möglich, da es sich vor allem um Entwicklerplätze (Computerarbeitsplätze) handelt und somit technische Hilfsmitteln sogar selbstständig entwickelt werden können. Voraussetzung dafür ist, dass die Mitarbeiter geistig fit sind. Weiterhin wurden in der Hauptzentrale des Unternehmens unter anderem die Räumlichkeiten für einen Mitarbeiter im

Rollstuhl umgebaut. Das Unternehmen zeigt also viel Initiative und finanzielle Großzügigkeit. Trotzdem erwähnte der Standortleiter, dass er bisher noch keine Bewerbung erhielt, in welcher explizit eine Behinderung erwähnt wurde. Daher frage er sich, ob Bewerber diese Behinderung im Schreiben zuerst vermeiden oder ob sich tatsächlich noch nie jemand mit einer Behinderung beworben hat. Aufgrund dessen war er der Meinung, dass man etwas an der Motivation der Bewerber verändern müsse, sodass sie das Vertrauen fassen, sich zu bewerben. Das Interview verlief allgemein positiv. Das Gespräch wurde zweimal durch den Interviewten beeinflusst, indem der Befragte unterbrochen bzw. in seiner Antwort beeinflusst wurde. Dabei kann für zukünftige Interviewführung beachtet werden, dass Pausen während des Interviews akzeptabel sind und gewährt werden können, anstatt der befragenden Person Hilfestellung zu geben und damit das Gespräch zu beeinflussen.

Unternehmen 2

Das zweite Interview wurde mit der Personalleiterin des Unternehmens in der Medizin- und Gesundheitsbranche durchgeführt. Die Interviewte war zu Beginn etwas unsicher, ob sie alle Fragen beantworten könne und zugleich sehr gut vorbereitet, indem sie Personalbögen von Menschen mit Schwerbehinderung mit zum Gespräch brachte. Der Gesprächsverlauf war nicht so flüssig, wie bei dem ersten Interview, da mehrere Nachfragen nötig waren und der Erzählfluss bei der Interviewten nicht wirklich von selbst einsetzte. Trotzdem verlief das Gespräch offen und positiv. Da sich das Unternehmen in der Gesundheitsbranche befindet, sind Menschen mit Behinderung Kunden des Unternehmens. Daher ist eine Offenheit gegenüber diesen als Bewerbern vorausgesetzt. In der Firma sind zum Zeitpunkt des Interviews elf Menschen mit Schwerbehinderung eingestellt, welches eine Quote von 16 Prozent darstellt. Die individuelle Arbeitsplatzgestaltung übernimmt das Unternehmen durch die eigene Produktpalette selbst und lässt sich dann finanziell durch Ämter unterstützen. Die Behinderungsarten im Unternehmen sind dabei sehr unterschiedlich und reichen von Prothesenträgern, über Epilepsie bis zu Diabetikern und Krebspatienten. Die Angestellten sind geistig fit und arbeiten oft in der Orthopädieschuhtechnik und haben dabei eine abgeschlossene Berufsausbildung. Ein hohes Verantwortungsbewusstsein wird vorausgesetzt, da das Unternehmen den Krankenkassen gegenüber nachweispflichtig und auf Genauigkeit angewiesen ist. Das Unternehmen engagiert sich aktiv für eine regional ansässige Behinderteneinrichtung und steht mit dieser in intensivem Kontakt, Spenden werden regelmäßig übergeben. Die politische Steuerung durch die Ausgleichsabgabe oder andere

Gesetzentwürfe wird als positiv empfunden, wenn es in Abhängigkeit von der Person Sinn macht diese einzugliedern. Die Grundaussage der Interviewten ist, dass behinderte Menschen, welche integriert werden können, diese Chance auch bekommen sollten. Das eigene Unternehmen bietet dafür gute Möglichkeiten, da keine Berührungsängste vorhanden sind und Menschen mit Behinderung das Unternehmen bereits als Kunde kennen. Das Interview dauerte insgesamt 20 Minuten und musste durch viele Aufrechterhaltungsfragen unterstützt werden, um konkrete Antworten zur Beantwortung der Kategorien zu erhalten.

Unternehmen 3

Das dritte Interview fand mit dem Leiter eines Inklusionsunternehmens statt, welches mit einem gemeinnützigen Konzernverbund verknüpft ist. Der Leiter war ebenfalls sofort für das Gespräch offen und interessiert. Das Interview war von langen Erzählphasen geprägt. Er gab zu den einzelnen Erzählimpulsen bzw. Leitfragen viele Informationen preis und ließ weitere Thematiken mit in das Gespräch einfließen. Dies führte dazu, dass der Gesprächsverlauf teilweise von der befragten Person und nicht vom Interviewführer bestimmt wurde. Dadurch wurden teilweise nicht alle Kategorien beachtet und Antworten blieben aus. Das wäre für zukünftige Interviews dieser Art zu verbessern, um näher bei der Thematik zu bleiben. Durch das Interview konnte viel Input generiert werden. Außerdem hat die befragte Person über einen Marken-Relaunch des Unternehmens berichtet und dazu einen Flyer gezeigt und berichtet inwiefern sich die Unternehmensperformance dadurch verbessert hat. Das Interview dauerte insgesamt knapp 40 Minuten und am Ende erklärte der Interviewte, dass Rückfragen immer gern willkommen wären.

Das Unternehmen beschäftigt 21 schwerbehinderte Menschen im Unternehmen (Stand: November 2016). Diese sind in allen Bereichen der Dienstleistungen des Unternehmens tätig. Die Bewerber werden fast ausschließlich von externen Agenturen vermittelt und mittlerweile sei es nicht mehr einfach, geeignete Arbeitskräfte zu finden, so der Leiter des Inklusionsunternehmens. Die behinderten Mitarbeiter werden im Unternehmen nicht zusätzlich betreut. Allerdings kann eine unterstützende Leistung durch einen Kollegen vollbracht werden. Dieser erhält dann einen finanziellen Zuschuss vom zuständigen Amt. Außerdem wurde ein Grundlagenseminar zur Gebärdensprache veranstaltet, an dem alle Kollegen teilnehmen konnten. Allgemein verstehen sich die Kollegen untereinander und es gäbe zwischen dem Umgang von Menschen mit und ohne Behinderung keine Unterschiede, da die Kommunikation genauso gut bzw. schlecht, wie in anderen Unternehmen funktioniere. Zu politischen Instrumenten, wie der Ausgleichsabgabe vertrat der Leiter eine zwiegespaltene Meinung. Einerseits werden Inklusionsunternehmen durch die Einnahmen des Ausgleichsfonds finanziert, andererseits müsste der politische Fokus bei Inklusion seiner Meinung nach anders gesetzt werden. Wenn es zum Beispiel um die Auftragsgewinnung geht, ist die Firma als Dienstleistungsunternehmen von Aufträgen abhängig. Der Interviewte erklärte, dass bei Stellenausschreibungen eine stärkere Wichtung auf den Sozialfaktor eines Unternehmens gelegt werden müsste, sodass Unternehmen, welche Menschen mit Behinderung beschäftigen bei gleicher Eignung bevorzugt werden. Ein weiterer Punkt, den er nannte, bezieht sich auf die Verknüpfung von Werkstätten und Inklusionsunternehmen. Als Konzernverbund soll das Inklusionsunternehmen als „Sprungbrett" für Menschen mit Behinderung von der Werkstatt auf den allgemeinen Arbeitsmarkt, dienen. Allerdings ist dies, wie man anhand der großen Anzahl externer Bewerbungen sieht, in der Realität noch nicht der Fall. Man muss beachten, dass die Menschen aus den Werkstätten dem Leistungsdruck eventuell nicht standhalten und keine Vollzeittätigkeit ausüben können. Dennoch gibt es auch Positivbeispiele, wie eine Mitarbeiterin, welche den Übergang aus der Werkstatt in das Inklusionsunternehmen geschafft hat. Diese ist nun sehr zufrieden und das schafft auch Anreiz für andere Werkstattmitarbeiter dasselbe zu schaffen, denn der finanzielle Mehrverdienst gibt dazu Anlass.

Unternehmen 4

Das Interview im Handels- und Industrieunternehmen fand mit dem Personalleiter statt und musste einmalig verschoben werden. Das Interesse und die Unterstützung der empirischen Arbeit durch ein Interview war jedoch ebenfalls bei der ersten Kontaktaufnahme vorhanden gewesen. Das Interview verlief allgemein freundlich und Fragen wurde präzise beantwortet. Wie bei dem Interview in Unternehmen 2 musste häufiger nachgefragt werden, da die Erzählimpulse nicht als solche wahrgenommen wurden. Allgemein stellte der Personalleiter sein Unternehmen als attraktiven Arbeitgeber dar, welches durch gemeinsame Mitarbeiterveranstaltungen und Sportangebote eine offene und kollektive Unternehmenskultur pflegt. Der Personalleiter war in der Vergangenheit gezwungen sich mit Schwerbehinderung auseinanderzusetzen, da Mitarbeiter des Unternehmens erkrankten und einen GdB erhielten. Diese Mitarbeiter konnten wieder in das Unternehmen eingegliedert werden und anderweitige Aufgaben finden. Allgemein hält der Interviewte das Unternehmen bzw. die Branche als nicht geeigneten Arbeitgeber für Menschen mit Behinderung, da Tätigkeiten entweder körperlich schwer oder geistig anspruchsvoll sind. Er sieht die Arbeitsplätze von Menschen mit Behinderung eher im Verwaltungsbereich. Allerdings ist der Zugang zu dem Verwaltungsbereich des Unternehmens nur über Stufen und Treppen möglich. Es gibt keine Rampen oder einen Fahrstuhl. Dennoch sah der Personalleiter jedes Unternehmen ab einer gewissen Größenordnung in der Pflicht sich der Thematik anzunehmen und etwas dafür zu tun, Menschen mit Schwerbehinderung eine Beschäftigung zu ermöglichen. Dabei bezog er sich auch auf den Fachkräftemangel und den Erhalt von qualifizierten Fachkräften, auch wenn erhöhte Investitionen nötig wären. In diesem Zusammenhang ließ sich die Firma bereits durch das Integrationsamt und dessen technischen Fachdienst beraten und erhielt Förderungsmittel. Der Personalleiter erklärte, dass er ausschließlich positive Erfahrungen mit dem Integrationsamt gemacht habe und dass sich die entsprechenden Personen dafür einsetzten Menschen mit Behinderung im Unternehmen weiter zu beschäftigen. Über die Beschäftigungsquote von Menschen mit Schwerbehinderung im Unternehmen konnte der Interviewpartner keine Angaben machen. Allerdings sagte er, dass die Ausgleichsabgabe für gewöhnlich durch die Anstellung von Menschen mit Schwerbehinderung oder Aufträge an Werkstätten erfüllt würde. Insgesamt dauerte das Interview circa 20 Minuten und war durch eine angenehme Atmosphäre geprägt. Die Inklusion von Menschen mit Behinderung scheint vor allem durch die Erkrankung von Mitarbeitern sowie die Ausgleichsabgabe bzw. Pflichtquote Thematik im Unternehmen geworden zu sein. Allerdings sieht der Interviewte das eigene Unternehmen nicht in der Pflicht, sich als behindertenfreundlicher Arbeitgeber zu präsentieren, da Anstellungsmöglichkeiten sehr gering sind.

3.2 Ergebnisdarstellung

Die Ergebnisdarstellung umfasst die Analyse des erworbenen Interviewmaterials und zielt auf die Beantwortung der deduktiven Kategorien sowie die Gewinnung von neuen Kenntnissen ab. Dafür wurden die einzelnen Interviews zuerst transkribiert und anhand dessen wurden induktive Kategorien gebildet, welche zusammen mit den deduktiven Kategorien ein finales Kategoriensystem ergaben. Außerdem erfolgten das Codieren des gesamten Materials und die letztendliche Auswertung sowie Deutung und Diskussion der Ergebnisse.

3.2.1 Transkription

Die Transkription beinhaltet die Verschriftlichung von aufgezeichneten Interviews in Wort und Schrift. Dabei kann zwischen verschiedenen Transkriptionsweisen unterschieden werden: Wörtlich mit oder ohne Dialekt oder Akzent, wörtlich mit oder ohne Konjugationen und Modalpartikeln, wörtlich mit oder ohne Pausen und Herausstellungen, wörtlich mit oder ohne Emotions- und Kontextbeschreibungen. Für diese Forschungsarbeit wurde das Transkriptionssystem nach Kuckartz angewendet. Das Interview wurde dabei wörtlich ins Schriftdeutsche transkribiert, allerdings wurden Dialekte und Konjugationen nicht berücksichtigt bzw. ausgelassen, da diese im vorliegenden Forschungskontext keine Relevanz besitzen. Pausen wurden durch „(...)" gekennzeichnet und Einwürfe und Verhaltensweisen des Interviewpartners wurden ebenfalls in Klammern gesetzt und in die Transkription eingebunden. Der Interviewführer trug die Initiale „I", während die befragte Person den Buchstaben „B" erhielt. Um die äußere Form strukturierter zu gestalten, wurde ein Sprecherwechsel durch das Betätigen der Enter-Taste verdeutlicht. Außerdem wurden Zeitmarken angegeben, um die Übersichtlichkeit zu wahren. Alle Angaben der Audiodateien wurden im Transkript anonymisiert (Kuckartz, 2016). Alle Transkriptionen befinden sich im Anhang unter: Anlage 11: Transkription Unternehmen 1, Anlage 12: Transkription Unternehmen 2, Anlage 13: Transkription Unternehmen 3, Anlage 14: Transkription Unternehmen 4. Außerdem befinden sich die Interviews als Audiodateien im elektronischen Anhang.

3.2.2 Kategoriensystementwicklung

Nach vollständiger Verschriftlichung der Transkriptionen erfolgte die endgültige Kategoriensystementwicklung. Die Kategorien dienen im späteren Codierungs- und Auswertungsverfahren als Suchraster, um das generierte Material nach relevanten Textstellen, in Abhängigkeit von den Kategorien, abzusuchen. Die deduktiven Kategorien wurden bereits mit Hilfe der Theorie gebildet und dienten als Anhaltspunkt für die Erstellung der Leitfadeninterviews. Außerdem bildeten sie die Oberkategorien und einige Unterkategorien des Kategoriensystems. Trotzdem war eine weitere Abgrenzung dieser Kategorien nötig. Deshalb wurde das Material erst grob gesichtet und auffallende Textstellen markiert. Während dieser Sichtung wurden außerdem für jede Kategorie Zitate gefunden, welche die Kategorie genauestens beschreiben und im System als Ankerbeispiele fungieren, die für das spätere Codieren notwendig sind. Es folgte eine zweite Sichtung des Interviewmaterials, um präzisere Abgrenzungen zu treffen und Definitionen für Kriterien zu spezifizieren. Nachdem die deduktive Kategorienbildung abgeschlossen war, folgte die induktiven Kategorienbildung. Dabei wurde nach Sinneinheiten gesucht, die einen neuen Blickwinkel auf die Thematik geben bzw. zuvor festgelegte deduktive Kriterien ergänzten. Die gesammelten Textstellen wurden markiert und gesammelt. Danach erfolgte die Paraphrasierung dieser Textstellen, um sie signifikant zu kürzen.

Nachdem die Paraphrasierung aller Textbausteine stattgefunden hatte und diese zu einer Kategorie zusammengefasst werden konnten, wurden sie weiter generalisiert, um letztendlich lediglich ein Wort zu erhalten, dass die Kategorie beschreibt. Somit wurde das endgültige Kategoriensystem entwickelt, mit Hilfe dessen die Hälfte des Materials nochmals gesichtet wurde. Diese nochmalige Sichtung sollte Gewissheit darüber geben, dass alle Kategorien präzise dargestellt und wichtige Aspekte vollständig in Kategorien wiedergegeben wurden. Das vollständige Kategoriensystem mit Definitionen, Ankerbeispielen und Codierungsregeln befindet sich im Anhang (Anlage 15: Finales Kategoriensystem). Der Grund für die Entwicklung von einzelnen Kategorien wird nachfolgend erklärt.

Die erste Oberkategorie beschreibt die thematische Auseinandersetzung. Dabei war es wichtig, zu erfahren, ob sich das Unternehmen bereits thematisch mit Inklusion auseinandergesetzt hatte. Da alle Unternehmen Menschen mit Behinderungen beschäftigten und somit keine Aussagen über eine Nicht-Beschäftigung getroffen wurden, ist die Unterkategorie „Gründe für Nicht-Beschäftigung" aus dem endgültigen Kategoriensystem entfernt worden. Die Unterkategorien „Qualifikation" und „Eignung für Menschen mit Behinderung" waren für die Auswertung von Gründen für eine eventuelle Nicht-Beschäftigung ausreichend. Neben der thematischen Auseinandersetzung sollte in weiteren Unterkategorien deutlich werden, inwiefern das Unternehmen Initiativbereitschaft und Offenheit gegenüber dem Thema Inklusion zeigt. Die zweite Oberkategorie beinhaltete, ob das Unternehmen bereits schwerbehinderte Menschen eingestellt hatte und falls ja, unter welchem Vertrag diese Mitarbeiter angestellt waren. Außerdem ging eine Unterkategorie auf die Zusammenarbeit von Mitarbeitern mit und ohne Behinderung ein und sollte erfragen, ob bei der Zusammenarbeit Probleme aufkamen. Weiterhin sollte die Oberkategorie „Thematische Auseinandersetzung" Informationen zur Erfüllung der Schwerbehindertenquote, der Arbeitsplatzgestaltung und der Bewerbung erschließen. Vor allem die Schwerbehindertenquote und die Bewerbung stellten für die spätere Auswertung interessante Punkte dar, da sich diese mit der Theorie verknüpfen ließen und für zukünftige Handlungsempfehlungen einen wichtigen Input generieren konnten. Die dritte Oberkategorie war der Wissensstand, welcher mit Hilfe von Unterkategorien das Wissen von Unternehmen zu politischen Maßnahmen untersuchen und außerdem in Erfahrung bringen sollte, ob bereits externe Unterstützung bzw. Hilfe angefordert wurde. Die vierte Oberkategorie beinhaltete die Mitarbeiterrolle, da die Höhe der Verantwortung, nötige Qualifikationen und die damit einhergehende Eignung für Menschen mit Behinderungen ein entscheidendes Kriterium in der Inklusionsfrage darstellen. Zuletzt wurde sich auf die Unternehmenskultur, einschließlich Vorgesetzten-Mitarbeiter-Beziehung und Führungsstil, fokussiert, da aus der Theorie hervorging, dass insbesondere aus einer offenen und wertschätzenden Unternehmenskultur, Bereitschaft für Inklusion von Menschen mit Behinderungen hervorgeht.

3.2.3 Codieren

Das Codieren beinhaltet die Materialsichtung aller Transkriptionen mit dem vollständig entwickelten Kategoriensystem. Während der Sichtung wurden alle relevanten Textstellen (sog. Codes) markiert, die danach den vorher festgelegten Kategorien zugeordnet wurden. Für die Sichtung bzw. das Markieren und Eingruppieren der Textstellen wurde die Computer-Software MAXQDA verwendet. Aus dem gesamten Material wurden insgesamt 131 Codes generiert, davon 115, die Kategorien direkt zugeordnet werden konnten und 16, die für induktive Kategorienbildung markiert wurden. Anhand der Anzahl der Codes ließ sich auch deren Häufigkeit der Erwähnung während der Interviews ableiten. Somit wurde deutlich, dass während der Interviews vor allem über die Kategorien Unternehmenskultur, Eignung für Menschen mit Behinderung und Qualifikationen der Mitarbeiter eines Unternehmens gesprochen wurde. Ein Zusammenhang zwischen der Häufigkeit dieser Kategorien und deren Inhalt kann darin gesehen werden, dass sie alle viel Raum für Eigeninterpretation lassen. Außerdem sind es Themenpunkte, welche den Befragten vertraut waren, da es das eigene Unternehmen bzw. dessen Mitarbeiter betraf. Eine weitere Quantifizierung der Codes wurde jedoch nicht vorgenommen, da einem qualitativen Forschungsansatz gefolgt werden sollte.

3.2.4 Auswertung

Bei der Auswertung der Kategorien wurden zuerst alle übereinstimmenden Kategorien der Transkriptionen zusammengeführt um einzelne Aussagen miteinander vergleichen zu können. Im Anschluss daran wurden Kategorien zusammengefasst und beschrieben sowie interpretativ in den theoretischen Kontext eingeordnet (Kuckartz et al., 2008). Im Anhang befindet sich außerdem eine tabellarische Übersicht der nachfolgenden Kategorien und der Antworten der jeweiligen Interviewpartner (Anlage 16: Tabellarische Auswertung Codierregeln).

Oberkategorie (OK) 1: Thematische Auseinandersetzung

Die Befragung der Experten zeigte, dass sich *alle Unternehmen* bereits mit der Einstellung von Menschen mit Behinderung beschäftigt hatten, denn es waren bereits schwerbehinderte Menschen in den Unternehmen tätig. Das Interview wurde, mit einer Ausnahme, auch sofort mit der Aussage, dass Menschen mit Behinderung eingestellt sind, begonnen. Einem Interviewten wurde erst beim Nachdenken über die Fragestellung bewusst, dass bereits Menschen mit Schwerbehinderung im Unternehmen eingestellt sind. Im Unternehmenskontext wurde dabei noch nicht gezielt auf Menschen mit Behinderung geachtet. Der Befragte ist Standortleiter des Unternehmens, allerdings befindet sich die Personalabteilung in der Hauptzentrale. Er selbst konnte kaum einschätzen, welche Mitarbeiter als schwerbehindert gelten.

Unterkategorie (UK) 1.1: Initiativbereitschaft

Alle Unternehmen zeigten Initiativbereitschaft, dies wurde ins besonders bei Unternehmen 1 bis 3 deutlich. Die hohe Initiativbereitschaft im Gesundheitsunternehmen ist darauf zurückzuführen, dass die Kunden des Unternehmens oftmals behinderte Menschen sind und daher von Unternehmensseite keine Berührungsängste bestehen. Das Unternehmen ist auf die Bedürfnisse von Menschen mit Behinderung sensibilisiert und entwirft kreative Arbeitsplatzgestaltungen für die eigenen Mitarbeiter. Außerdem ermöglicht das Unternehmen barrierefreie Zugänge an allen Standorten. Der Standortleiter von Unternehmen 1 zeigte ebenfalls eine große Initiativbereitschaft und würde sich gern mehr Bewerbungen von Menschen mit Behinderung wünschen. Das Inklusionsunternehmen zeigte von Grund auf Initiativbereitschaft, da dies in der Idee eines Inklusionsprojektes verankert ist. Das Unternehmen 4 fokussierte sich vor allem auf das betriebliche Eingliederungsmanagement von Mitarbeitern, die im Laufe ihres Lebens eine Behinderung erworben haben.

OK 2: Einstellung von Menschen mit Schwerbehinderung

Wie bereits erwähnt, sind in allen befragten Unternehmen schwerbehinderte Menschen beschäftigt. Dabei unterscheidet sich die Anzahl der Beschäftigten in Abhängigkeit zur Größe des Unternehmens und der Branche. Außerdem konnten drei von vier der Befragten keine genaue Aussage zur Anzahl von Menschen mit Behinderung geben; Beispiele wurden jedoch genannt. Die Personalleiterin des Gesundheitsunternehmens brachte Personalbögen zum Interview mit und konnte genau erläutern, wie viel Menschen mit Schwerbehinderung eingestellt waren und welche Behinderung diese aufwiesen. Neben der Einstellung von behinderten

Menschen, bildet das Unternehmen auch behinderte Jugendliche aus. Im Inklusionsunternehmen ist in etwa die Hälfte der Mitarbeiter schwerbehindert. Am Standort des Unternehmen 1 sind ca. vier von 60 Mitarbeitern schwerbehindert bzw. ihnen gleichgestellt. Dies ist allerdings nur eine Schätzung und geht von Aussagen der befragten Person hervor.

UK 2.1: Schwerbehindertenquote

Die befragten Unternehmen erfüllen laut eigener Aussage die Schwerbehindertenquote. Die Aussagen können jedoch nicht valide nachgeprüft werden. Lediglich das Gesundheitsunternehmen konnte eine genaue Prozentzahl angeben. Das Unternehmen der Gesundheitsbranche erfüllt die Schwerbehindertenquote jährlich seit dessen Bestehen und zeigte im Jahr 2017 eine Quote von circa 16 Prozent, welche damit deutlich über der Pflichtquote von fünf Prozent lag. Im Unternehmen 1 und 4 wurden Menschen mit Behinderung eingestellt bzw. sind wieder eingegliedert worden. Allerdings fehlten bei beiden befragten Personen genaue Informationen zur Erfüllung der Pflichtquote. Sie gingen jedoch von der Erfüllung der Quote, durch Einstellungen und Werkstattaufträge, aus. Das Inklusionsunternehmen befindet sich in der Pflicht eine Schwerbehindertenquote von 40 Prozent zu erfüllen und erreicht dies jährlich. Jedoch wird es, laut Aussage des Leiters, immer schwieriger, geeignete Arbeitskräfte zu finden.

UK 2.2: Vertragsart

Menschen mit Behinderung, die in befragten Unternehmen angestellt sind, haben einen sozialversicherten Arbeitsvertrag. Die Mitarbeiter sind damit im Unternehmen beschäftigt und direkte Arbeitnehmer.

UK 2.3: Zusammenarbeit von Menschen mit und ohne Behinderung

Die Befragten vertreten den Ansatzpunkt, dass es zwischenmenschlich nicht mehr oder weniger Probleme bei der Zusammenarbeit von Menschen mit und ohne Behinderung gibt. Berührungsängste gegenüber Menschen mit Behinderungen gab es keine, da sich im Vorfeld mit der Thematik auseinandergesetzt und darüber informiert wurde. Ein Mitarbeiter des Unternehmens 1 leidet zum Beispiel an epileptischen Anfällen. Kollegen des Mitarbeiters wurden darauf hingewiesen und es wurde geklärt wie im Notfall zu reagieren ist. Die Qualität der Arbeit wird dabei nicht negativ beeinflusst, sondern eher positiv, da der Mitarbeiter Initiative zeigt weiterhin seiner bisherigen Arbeitsleistung treu zu bleiben. Bei den befragten

Unternehmen ist zu beachten, dass es sich bei den Angestellten um Menschen mit physischen und nicht geistigen Beeinträchtigungen handelt.

UK 2.4: Bewerbung

Die Häufigkeit der Bewerbungen von Menschen mit Behinderung fallen je nach Unternehmen unterschiedlich aus. Bei dem Unternehmen aus der Gesundheitsbranche bewerben sich des Öfteren Menschen mit Behinderung, da diese durch ihre Beeinträchtigung bereits in Kontakt mit dem Unternehmen waren und die Berufe der Branche kennen. Ansonsten bewerben sich Bewerber auf Stellenanzeigen initiativ oder werden über die Bundesagentur für Arbeit und andere Jobcenter vermittelt. Das Industrieunternehmen 1 kann auf keine bewusste Bewerbung verweisen und zeigte sich darüber verwundert. In den letzten Jahren gab es nur einen einzigen Bewerber, welcher bereits eine Behinderung besaß und diese auch offensichtlich war. In anderen Fällen war es so, dass die Behinderung im Laufe des Lebens und somit im bereits bestehenden Arbeitsverhältnis erworben wurde. Daraus entwickelte sich für den Standortleiter die Frage warum kaum Bewerbungen von Menschen mit Behinderung getätigt werden und wie man dazu motivieren könnte. Bei dem Inklusionsunternehmen erfolgen circa 95 Prozent der Bewerbungen extern. Das bedeutet, dass diese über Arbeitsagenturen vermittelt wurden und es eher selten ist, dass Menschen aus der Werkstatt in die Inklusionsfirma wechseln. Wenn jedoch ein Wechsel stattfindet, steigert das nicht nur die Motivation der Person selbst, sondern auch die Motivation der anderen Arbeiter der Werkstatt, so der Leiter des Unternehmens. Das Industrieunternehmen 4 nannte keine genauen Angaben zu Bewerbungen, jedoch kann durch den Gesprächsverlauf davon ausgegangen werden, dass eher selten bis gar keine Bewerbungen von Menschen mit Behinderung im Unternehmen eintreffen.

UK 2.5: Arbeitsplatzgestaltung

Alle befragten Unternehmen investierten bereits in die Arbeitsplatzgestaltung von Mitarbeitern. Dabei ist das Unternehmen aus der Gesundheitsbranche selbst kreativ tätig, da es viele Produkte bereits im Sortiment und Materialien zur Verfügung hat, um neue Arbeitshilfsmittel herzustellen. Beispiele dafür sind Treppenlifte, Werkbänke, Schreibtische und Stühle. Außerdem sind alle Gebäude barrierefrei. In der Inklusionsfirma arbeitet ein gehörloser Maler mit einem Malerkollegen zusammen. Dieser übernimmt Anrufe und Gespräche mit Lieferanten und Kunden. Die Kommunikation zwischen den Kollegen funktioniert über Zettel, Stift und den Instant-Messaging-Dienst WhatsApp. Für einen weiteren Mitarbeiter des

Unternehmens wurde ein Auto umgebaut, das er trotz Armprothese bedienen kann. In den beiden Industrieunternehmen wurden Mitarbeiter ebenfalls unterstützt, zum Beispiel durch die Anpassung der Telefontechnik oder die Anschaffung von Hilfsgeräten, wie Scherenhubwägen, Schneeräumgeräten und Rasenmähern.

OK 3: Wissensstand

Die Befragten setzten sich zusammen aus einem Standortleiter (Industrieunternehmen 1), zwei Personalleitern (aus den Branchen Industrie und Gesundheit) und einem Leiter einer Inklusionsfirma. Beide Personalleiter sowie der Leiter der Inklusionsfirma kannten politische Instrumente und zeigten ein konkretes Wissen zur Ausgleichsabgabe und zum Bundesteilhabegesetz. Besonders der Leiter der Inklusionsfirma zeigte ein breitgefächertes Wissen, was sich auf seinen sozialwissenschaftlichen Hintergrund zurückführen lässt. Der Standortleiter des Industrieunternehmens hingegen kannte die Regelung der Ausgleichsabgabe nicht und führte dies darauf zurück, dass sich die Personalabteilung in der Zentrale befindet und über solche Details nicht gesprochen wird, solange diese nicht den Standort betreffen. Dennoch fand er es verwunderlich, dass er über dieses politische Instrument nicht in Kenntnis gesetzt worden war.

UK 3.1: Eigenständige Auseinandersetzung

Alle Unternehmen hatten bereits eigenständig mit Behörden Kontakt. Dabei unterschieden sich lediglich die Art des Kontakts bzw. Höhe der Unterstützung.

UK 3.2: Externe Unterstützung

Das Unternehmen der Gesundheitsbranche und ein Industrieunternehmen erhielten finanzielle Unterstützung, während sich die anderen Unternehmen vom Integrationsamt und Integrationsfachdienst beraten ließen.

UK 3.3: Förderungsmittel

Unternehmen beantragten je nach Branche finanzielle und auch materielle Förderungsleistungen. Das Gesundheitsunternehmen nutzte die finanzielle Unterstützung und entwickelte Hilfsmittel selbst, siehe UK 2.5. Das Inklusionsunternehmen und das Unternehmen 4 erhielten finanzielle Förderung als auch technische Hilfsmittel.

UK 3.4: Politische Instrumente

Die politische Einflussnahme wurde kontrovers diskutiert. Beide Personalleiter hielten, obwohl aus unterschiedlichen Branchen, die Einführung einer

Ausgleichsabgabe für sinnvoll. Sie waren der Meinung, dass es immer in Abhängigkeit von der Behinderung Sinn machen muss, jemanden einzustellen und betrachteten Ausgleichsabgabe und Bundesteilhabegesetz für positiv. Sie vertraten die Meinung, dass ein Mensch mit Behinderung, vor allem wenn er die Behinderung im Laufe des Lebens erworben hat, ein Recht darauf haben sollte, einen Arbeitsplatz zu finden oder zu behalten. Weiterhin sah der Personalleiter des Industrieunternehmens 4 die Einstellung von schwerbehinderten Menschen als verpflichtende Maßnahme für Unternehmen, ab einer gewissen Größenordnung an. Der Leiter des Inklusionsunternehmens bewertete die Ausgleichsabgabe zweiseitig. Einerseits werden Projekte, wie die Inklusionsfirma durch die Ausgleichsabgabe finanziert, andererseits zweifelte der Leiter die Sinnhaftigkeit der Ausgleichsabgabe an. Er würde es bevorzugen, wenn es eine Veränderung bei den Stellenausschreibungen der Auftraggeber für Dienstleister gäbe, zum Beispiel durch einen Satz in der Ausschreibung wie: „Wenn Ihr Unternehmen Menschen mit Behinderung beschäftigt, werden Sie bei gleicher Eignung bevorzugt.". Der Standortleiter des Industrieunternehmens erachtete eine politische Steuerung als wenig sinnvoll, denn seiner Meinung nach muss die Initiativbereitschaft durch die Unternehmenskultur definiert werden. Die Einführung von Quoten erzeugt für ihn eine erzwungene Initiativbereitschaft und damit ein schlechtes Betriebsklima, welches sich mehr negativ als positiv auswirkt.

OK 4: Mitarbeiterrolle

Siehe Unterkategorien.

UK 4.1: Verantwortung

Im Allgemeinen wurde die Frage nach dem Verantwortungsbereich der Mitarbeiter damit beantwortet, dass es verschiedene Verantwortungsspektren je nach Position des Mitarbeiters gibt und es ging hervor, dass Mitarbeiter in allen Branchen sehr verantwortungsbewusst handeln müssen. Diese Eigenschaft muss bei zukünftigen Arbeitnehmern gegeben sein. Außerdem sind die heutigen Anforderungen an jeden Mitarbeiter im Gegensatz zu vergangenen Jahren gestiegen. In dem Gesundheitsunternehmen muss zum Beispiel ein lückenloser Nachweis darüber geführt werden, welche Personen am Produktionsprozess beteiligt waren. Außerdem ist es teilweise notwendig, dass Hygiene- und Gesundheitsanforderungen erfüllt werden. In diesem Unternehmen haben sich behinderte Mitarbeiter außerdem selbst um die Bewilligung von finanziellen Förderungsmitteln bemüht. Im Inklusionsunternehmen muss gewährleistet sein, dass Mitarbeiter verantwortungsbewusst handeln und aufgrund ihrer Behinderung nicht in diesem Bewusstsein eingeschränkt sind. Es gibt keine separate Betreuung behinderter Mitarbeiter, lediglich Unterstützung für behinderungsbedingte Einschränkungen. Das Industrieunternehmen 1 bewertete die Verantwortung der eigenen Mitarbeiter als sehr hoch. Der Personalleiter des Unternehmens 4 ebenfalls und erklärte, dass technische und intellektuelle Anforderungen gestiegen seien.

UK 4.2: Qualifikation

Da die Unternehmen aus unterschiedlichen Branchen stammen, sind auch die Berufsbilder verschieden. Das Unternehmen aus der Gesundheitsbranche sowie beide Industrieunternehmen legen Wert darauf, dass Mitarbeiter qualifiziert sind, also eine berufliche Ausbildung haben. Die Unternehmen bilden dabei selbst aus oder zeigen Initiativbereitschaft ausbilden zu wollen. Das Unternehmen 1 ist sehr daran interessiert Mitarbeiter zu fördern und auf ihrer beruflichen Laufbahn zu unterstützen und fortgehend zu qualifizieren. Der Personalleiter des Unternehmen 4 erklärte außerdem, dass intellektuelles Wissen sowie handwerkliche Qualifikationen notwendig sind. Der Leiter der Inklusionsfirma erklärte, dass ungelernte Personen eine Chance haben, da Aufgaben erlernt bzw. antrainiert werden können. Daher seien keine vorherigen Qualifikationen nötig.

UK 4.3: Eignung für Menschen mit Behinderung

Im Industrieunternehmen 1 ist die Einstellung von Menschen mit körperlicher Behinderung gut möglich, da es sich vor allem um Büro- und Entwicklerarbeitsplätze handelt. Daher können viele Hilfsmöglichkeiten entworfen werden und das Unternehmen scheint dabei auch offen für eigene kreative Lösungen zu sein. Entstehende Kosten spielen dabei eine untergeordnete Rolle. Die Personalleiterin des Gesundheitsunternehmens sagte, dass vor allem körperliche Behinderungen kein Problem darstellen, solange der Bewerber dem Stellenprofil entspricht. Der Hauptaspekt eines Inklusionsunternehmens ist die Möglichkeit für Menschen mit Behinderung, welche eventuell nicht qualifiziert sind, einen Arbeitsplatz zu schaffen. Daher sind, laut Aussage des Leiters, viele Inklusionsunternehmen im Dienstleistungsbereich tätig. Dies umfasst z.B. Hausmeister- und Reinigungstätigkeit sowie Catering und Transport Service. Im zweiten Industrieunternehmen (Unternehmen 4) fiel die Eignung für Menschen mit Behinderung eher negativ aus. Als Grund dafür nannte der Personalleiter vor allem körperlich schwere Tätigkeiten. Unterstützungen können zwar gegeben werden, aber das nur in Einzelfällen. Er sieht die Möglichkeiten von Einstellungen in anderen Branchen, in denen Büroarbeitsplätze vermehrt vorhanden sind. Die Zugänge zu Gebäuden des Unternehmens, auch zu Büroarbeitsplätzen, sind jedoch nicht barrierefrei.

OK 5: Unternehmenskultur

Das Industrieunternehmen (Unternehmen 1) ist ein privatgeführtes Familienunternehmen mit Stiftungscharakter. Man hat während des Interviews, eine starke Verbindung zwischen dem Standortleiter und dessen Firma feststellen können. Er beschrieb die Unternehmenskultur als familiär und mit flachen Hierarchien. Außerdem erklärte er, die Unternehmens- und Verhaltensrichtlinien sowie deren strikte Einhaltungen im Unternehmensalltag. Das Thema Diversity Management war dem Standortleiter nicht bekannt, da andere Themenbereich priorisiert wurden. Dazu gehörten das betriebliche Eingliederungsmanagement, die psychische Gefährdungsbeurteilung und Hochschulmarketing.

Das Unternehmen aus der Gesundheitsbranche ist ein mittelständisches Unternehmen, welches Verbundenheit zur Region zeigt. Dadurch, dass es in dieser Branche tätig ist, sind keine Berührungsängste gegenüber Menschen mit Behinderung vorhanden. Es werden viele Möglichkeiten geschaffen, um Menschen mit Behinderung einzugliedern. Außerdem zeigt das Unternehmen Initiativbereitschaft durch Spendenaktionen und die Kooperation mit einer Einrichtung für Menschen mit Behinderung.

Werte der Unternehmenskultur des Inklusionsunternehmens sind Qualität und Diversity. Dem Leiter ist es wichtig, dass Aufträge durch hohe Arbeitsqualität und -leistung generiert werden und er möchte nicht die Beschäftigung von Menschen mit Behinderung in den Vordergrund rücken. Die Beschäftigung dieser soll lediglich anerkannt und toleriert werden. Aus diesem Grund erfolgte die Erarbeitung eins Marken-Relaunches, welcher Mitarbeiter selbst als Werbegesichter zeigte und diese somit in den gesamten Prozess der Definierung einer Unternehmenskultur einband. Dieser Relaunch verlieh dem Unternehmen neuen Schwung, generierte Aufträge und trug zum Erfolg des Unternehmens bei. Außerdem ist die Fluktuationsrate im Unternehmen sehr gering, was auf zufriedene Mitarbeiter schließen lässt und auch darauf, dass Menschen mit Behinderung gern in einem gewohnten Umfeld bleiben.

Das zweite Industrieunternehmen (Unternehmen 4) erarbeitet jährlich verschiedene Projekte im Bereich Personalentwicklung und Mitarbeiterbindung. Es werden Veranstaltungen mit allen Mitarbeitern sowie fachbereichsbezogene Events organisiert. Außerdem legt man viel Wert auf aktuelle Personalthemen, wie

Gesundheitsmanagement und das betriebliche Eingliederungsmanagement. Dabei wurde ein Pilotprojekt mit der Gesundheitskasse AOK gestartet, bei welchem Mitarbeiter die Möglichkeit haben, an kostenlosen Fitnesskursen teilzunehmen. Der Erfolg dieses Projektes war zunächst einmal ernüchternd, da nur wenige Mitarbeiter die Fitnessangebote wahrnahmen. Allerdings wurde mit Hilfe dieser Maßnahme die interne und externe Unternehmenskommunikation positiv beeinflusst.

UK 5.1: Vorgesetzten-Mitarbeiter-Beziehung

Der Standortleiter des Industrieunternehmens (Unternehmen 1) erlitt selbst eine schwere Krankheit und blieb dem Unternehmen aus diesem Grund für ein halbes Jahr fern. Dies stellte durch die Unterstützung seines Teams und Vorgesetzen kein Problem dar. Gegenseitige Unterstützung wird somit zwischen Vorgesetzten und Mitarbeitern deutlich.

In anderen Interviews wurde diese Beziehung nicht eindeutig genug beschrieben.

UK 5.2: Führungsstil

Im Industrieunternehmen (Unternehmen 1) trifft die Personalreferentin der Zentrale zusammen mit dem Standortleiter oder dem jeweiligen Teamleiter Personalentscheidungen. Im Gesundheitsunternehmen trifft die Personalleiterin die Vorentscheidung der Bewerberauswahl. Danach wird eine weitere Auswahl mit dem zuständigen Abteilungsleiter getroffen. Die Interviewten des Inklusionsunternehmens und des Industrieunternehmens 4 gingen nicht genauer auf den Führungsstil im Unternehmen ein. Jedoch wurde deutlich, dass im Unternehmen 4 verschiedene Verantwortlichkeitsbereiche im Bereich Personal vorhanden sind. Ein Mitarbeiter ist dabei zum Beispiel für die Rekrutierung zuständig. Die Personalentscheidungen werden für die gesamte Unternehmensgruppe in der Zentrale getroffen. Bei allen Unternehmen ist es der Fall, dass zu besetzende Stellen zuerst von der Unternehmensführung freigegeben werden. Daher sind die Unternehmensführenden die entscheidenden Initiatoren bei Entscheidungen, wie z.B. der Einstellung von Menschen mit Behinderung.

UK 5.3: Kooperationsbereitschaft

Die Unternehmen zeigen sich alle kooperationsbereit. Die Inklusionsfirma ist etwas von dieser Gewichtung herausgenommen, da diese von vornherein im Konzernverbund mit einer Behindertenwerkstatt steht und das Konzept einer Inklusionsfirma daraus besteht, als „Sprungbrett" für Menschen mit Behinderung auf den ersten Arbeitsmarkt zu dienen. Das Unternehmen der Gesundheitsbranche stellte den Erstkontakt mit einer Behinderteneinrichtung durch eine Mitarbeiterin, welche als Podologin in dieser Einrichtung arbeitete, her. Beziehungen wurden verstärkt und der Kontakt zwischen Einrichtung und Unternehmen wurde durch Treffen der Geschäftsleiter bei Veranstaltungen intensiviert, sodass Kooperationsmöglichkeiten gefunden wurden. Daher dient das Gesundheitsunternehmen nun auch als Zulieferer der Behinderteneinrichtung von diversen Produkten, wie zum Beispiel Rollstühlen. Dadurch wird die Arbeitgeberattraktivität bei Menschen mit Behinderung gesteigert und es treffen oft Bewerbungen von Menschen mit Behinderung ein. Die zwei Industrieunternehmen kooperieren in dem Sinne nicht mit Behinderteneinrichtungen, jedoch vergeben sie Aufträge an Werkstätten.

Nach der Auswertung der Kategorien muss deutlich gemacht werden, dass die Interviewanzahl begrenzt war und vier Interviewteilnehmer kein repräsentatives Untersuchungsobjekt darstellen. Außerdem variierten die Antworten der Interviewten teilweise durch eine abgeänderte Führung des Gesprächs durch den Interviewten. Dies führte dazu, dass Antworten unterschiedlich lang ausgeführt wurden. Für zukünftige Interviews sollte eine genauere Steuerung der Gespräche beachtet werden, um eine Ausgewogenheit der Antworten pro Kategorie zu erlangen.

3.3 Deutung und Diskussion der Ergebnisse

Die Deutung und Diskussion der Ergebnisse dieser Arbeit stellen keine repräsentative Argumentation dar, da lediglich vier Personen bzw. Unternehmen an Interviews teilgenommen haben. Jedoch sollen die Aussagen der Personen einen Aufschluss darüber geben, welche Priorität Inklusion von Menschen mit Behinderung in Unternehmen einnimmt, welche Blickwinkel sich auf die Thematik ergeben und wie sich diese mit dem theoretischen Kontext verbinden lassen.

Da die Unternehmen insgesamt aufgeschlossen gegenüber der Inklusion von Menschen mit Behinderung waren und sich selbst bereits durch Einstellungen und Wiedereingliederungen damit beschäftigten, wurde keine explizite Kritik an der Einstellung von schwerbehinderten Menschen genannt. Während der Interviews konnte man jedoch Unterschiede zwischen den einzelnen Unternehmen als auch Interviewpartnern spüren. Während das Industrieunternehmen 1 (Familienunternehmen mit Stiftungscharakter), das mittelständische Gesundheitsunternehmen und das kleine Inklusionsunternehmen stark lösungsorientiert agierten und während des Interviews Initiative zeigten, eigene Denkansätze und Ideen zu entwickeln, war der Interviewteilnehmer des Industrieunternehmen 4 (Aktiengesellschaft) eher zurückhaltend. Er sah die Einstellung von Menschen mit Behinderung nicht in der Pflicht seines eigenen Unternehmens. Dies kann einerseits damit zusammenhängen, dass Arbeitsplätze tatsächlich weniger für Menschen mit Behinderung geeignet sind, andererseits haben körperlich schwerbehinderte, aber geistig fitte Arbeitnehmer in dem Unternehmen auch keine Chance, einen Verwaltungsarbeitsplatz einzunehmen, da Barrierefreiheit nicht gegeben ist. Somit könnte eine eher leistungsorientierte Unternehmenskultur Einfluss auf die Bereitschaft zur Einstellung von behinderten Menschen darstellen. Weitere unterschwellige Gründe für eine Nicht-Beschäftigung in allen Unternehmen stellte die Mitarbeiterrolle sowie die Qualifikation und explizite Eignung eines Arbeitnehmers für Arbeitsplätze dar. Alle Interviewpartner, außer der Leiter des Inklusionsunternehmens, erwarteten bestimmte berufliche Qualifikationen eines Bewerbers. Da die meisten Behinderungen durch Krankheiten erworben werden, kann davon ausgegangen werden, dass die meisten Menschen mit Behinderung diesen Anforderungen genügen sollten bzw. dazu weiter ausgebildet und wieder eingegliedert werden könnten. Alle Interviewpartner waren sich einig, dass nur geistig fitte Arbeitnehmer den Leistungsanforderungen entsprechen können und man die Behinderung individuell für jeden Arbeitsplatz betrachten muss. Neben diesem Aspekt wurde von zwei Interviewpartnern ein neuer Punkt eröffnet: Bewerbungen von Menschen mit Behinderung. Es wurde deutlich, dass sich Menschen mit Behinderung nicht bei Unternehmen bewerben, die nicht explizit ausschrieben, dass sie Arbeitsplätze an behinderte Menschen vergeben. Außerdem fehlen Unternehmen nicht nur Fachkräfte, sondern es ist auch schwierig, geeignete Bewerber mit Behinderung zu finden. Durch die Gespräche wurde weiterhin deutlich, dass nur das Gesundheitsunternehmen (ausgenommen des Inklusionsunternehmens) in einer direkten Kooperation mit einer Behinderteneinrichtung steht. Die Unternehmen gehören zudem keiner Initiative, wie der Charta der Vielfalt an. Das bedeutet, sie setzen sich eigenständig mit der Thematik auseinander und holen sich bei Bedarf von Integrationsämtern oder Rehabilitationsträgern finanzielle und technische Unterstützung. Drei von vier Unternehmen liegen in einem Umkreis von 15 km beieinander und möchten die Inklusion von Menschen mit Behinderung unterstützen, allerdings befinden sie sich in keinem größeren Netzwerk, indem man sich austauschen und kennenlernen könnte. Es wird deutlich, dass Unternehmen sehr stark in ihren Branchen verharren und in ihrer Branche Unternehmernetzwerke nutzen. Dies ist sinnvoll, wenn sich zu branchenspezifischen Themen ausgetauscht werden soll. Allerdings wäre es ratsam, branchenübergreifende Netzwerke anzustreben, um einen maximalen Wissens- und Informationsaustausch zu erlangen und neue Kooperationspartner zu finden. Dabei könnte sich z.B. gegenseitig bei der

Arbeitsplatzgestaltung unterstützt und neue Partnerschaften aufgebaut werden. Im Endeffekt könnte dies ein Ansatzpunkt sein, um die Kosten des Staates für Inklusionsprojekte zu verringern, indem wirtschaftliche Handelsbeziehungen zwischen Unternehmen aufgebaut werden. Das Gesundheitsunternehmen kann z.B. Produkte kreieren und liefern, die einen Arbeitsplatz behindertengerecht ausstatten. Somit würde die Intervention des Staates verringert und man sich in diesem Bereich einem Marktgleichgewicht annähern, welches durch Angebot und Nachfrage bestimmt werden würde. Ein weiterer Hauptpunkt in der Diskussion um Hindernisse von Inklusion in Unternehmen ist die Pflichtquote schwerbehinderter Arbeitnehmer. Einerseits hat sie zu einer Sensibilisierung in Unternehmen geführt und sicherlich dazu beigetragen, dass Menschen mit Schwerbehinderung (wieder-)eingegliedert oder Aufträge vermehrt an Werkstätten gegeben wurden. Im letzten Punkt spiegelt sich allerdings auch eine Kontroverse wider. Einerseits zielen staatliche Träger darauf ab, Werkstätten abzuschaffen, da behinderte Menschen keine Teilhabe im Berufsleben erfahren. Andererseits können Aufträge an Werkstätten zum Teil über die Ausgleichsabgabe abgerechnet werden, was Unternehmen bei der Erfüllung der Pflichtquote unterstützt. Damit findet keine Inklusion von Menschen mit Behinderung statt. Dieser Punkt stellt eine Kontroverse zum Inklusionsziel der UN-BRK und des BTHG dar. Die Pflichtquote wurde von den Interviewteilnehmern teils positiv und teils negativ bewertet. Der Hauptkritikpunkt ist die Beeinflussung der Unternehmenskultur durch eine politische Maßnahme. Da Unternehmen durch mögliche Strafzahlungen gezwungen werden, Menschen mit Schwerbehinderung einzustellen, ist die Frage inwieweit das Betriebsklima dadurch negativ beeinflusst wird. Außerdem erfüllen die Gesamtheit der Unternehmen, trotz Strafzahlungen, die Pflichtquote von fünf Prozent nicht. Es lässt darauf schließen, dass es außer finanzieller Strafzahlungen einen weiteren Ansatz braucht. Ferner ließ sich durch die Interviews erkennen, dass die Beschäftigung mit dem Thema Inklusion immer stark von der persönlichen Betroffenheit des Interviewten abhängig ist. Drei der vier Interviewteilnehmer hatten entweder persönliche oder berufliche Erfahrung mit Behinderung und waren daher der Thematik mehr aufgeschlossen und selbst motiviert, Veränderung zu bewirken, als es im Industrieunternehmen 4 der Fall war. Daher lässt sich darauf schließen, dass eine persönliche Verbindung zum Thema Behinderung Unternehmen enorm beeinflussen kann und die Thematik somit eine subjektive Variable enthält, welche von außen schlecht zu beeinflussen ist. Eine Möglichkeit der äußeren Beeinflussung wäre der Aufbau eines komplett inklusiven Gesellschaftssystems, welches mit dem endgültigen Ziel der UN-BRK übereinstimmen würde. Dabei ist jedoch fraglich, ob das tatsächlich möglich ist oder an Utopie grenzt. Nichtsdestotrotz sollte die Gesellschaft vermehrt in Kontakt mit behinderten Menschen kommen, sodass Berührungsängste schwinden, da meistens Erfahrung und Wissen fehlen, wie auf diese reagiert werden soll. Bereits richtungsweisend sind z.B. inklusive Schul- und Kindergartenprojekte, Workshops und gemeinsame Festlichkeiten. Es ist wichtig, Grundlagenwissen zu vermitteln und eine persönliche Verbindung zum Thema zu schaffen, damit wahre Inklusion von Menschen mit Behinderung in die Gesellschaft erfolgen kann. Trotzdem sollte ein Ansatz verfolgt werden, dass nicht alle Menschen mit Behinderung in das Arbeitsleben inkludiert werden müssen, da dies nicht für jeden Menschen den richtigen Lebensweg darstellt. Daher sollten Förder- und Betreuungsstätten sowie Werkstätten für die Menschen erhalten bleiben, die dem Leistungsdruck der Gesellschaft nicht standhalten könnten und sich anderweitig selbst verwirklichen können. Weiterhin könnten sich Unternehmen und Einrichtungen verstärkt auf ausgelagerte Arbeitsplätze und Praktika fokussieren, um eine Sensibilisierung voranzutreiben. Dabei dürfen ausgelagerte Arbeitsplätze keine Ausbeutung darstellen und müssen regelmäßig überprüft werden. Zudem sollte ein Zeitraum vorgegeben werden, ab dem ein Übergang in ein sozialversichertes Verhältnis ausgeführt werden sollte, falls dies vom Arbeitnehmer unterstützt würde. Außerdem ist Diversity Management und somit auch die Inklusionsdebatte keine direkte Hauptthematik für die Unternehmen der befragten Personen. Als wichtige Themen wurden unter anderem das Gesundheitsmanagement, das betriebliche Eingliederungsmanagement und Hochschulmarketing genannt, was alles Themen sind, welche vom demografischen Wandel beeinflusst werden. Damit fokussieren sich die Unternehmen auf gewisse Punkte von Managementansätzen, aber zeigen kein Gesamtkonzept. Zudem fokussiert sich insbesondere und teilweise nur der Personalbereich auf Einstellungen von Menschen mit Behinderung, was sinnvoll ist, jedoch sollte abteilungsübergreifend über die Thematik informiert und diskutiert werden. Das wurde vor allem durch das Beispiel des Unternehmens 1 deutlich, da Standortleiter regional einen größeren Einfluss haben und Inklusion von Menschen mit Behinderung voranbringen könnten. Abschließend ist positiv zu betrachten, dass befragte Unternehmen eine grundsätzliche Offenheit gezeigt haben und sich auch, wie durch die Theorie belegt, staatlich unterstützen und beraten lassen haben.

4 Handlungsempfehlungen

Das letzte Kapitel soll einen Überblick über Handlungsempfehlungen für die Zukunft verschaffen und erklären, welche Hindernisse bei der Inklusion von Menschen mit Behinderung in KMU festgestellt wurden.

Es ließ sich feststellen, dass bundesweite Gesetze zur Unterstützung von Menschen mit Behinderung bei deren Teilhabe an der Gesellschaft in Kraft getreten sind. Jedoch wurden keine erfolgreichen bundesübergreifenden Initiativen und Ämter entwickelt, welche die Gesamtzahl der KMU erreichen. Das ist ein großer Kritikpunkt, da Unternehmen viele unterschiedliche Ansprechpartner haben und somit die Komplexität und der Aufwand der Thematik gesteigert wird. Eine Möglichkeit zur Verbesserung dieses Punktes wäre die Gestaltung eines modernen Onlinesystems. Als Plattform könnte die bereits existierende Website von „Wirtschaft Inklusiv" genutzt werden. Diese müsste damit in allen, anstatt in nur acht, Bundesländern aktiv werden. Diese Plattform könnte eine Art Frage-Antwort Bereich enthalten sowie entsprechende Ansprechpartner in der Nähe des Unternehmens für spezifischere Fragen. Durch einen e-Learning-Bereich könnte Grundlagenwissen in Bezug auf die Einstellung von Menschen mit Behinderung vermittelt werden, sodass Unternehmen nicht an Zeiten von Stammtischen gebunden sind, sondern Wissen zu jeglicher Uhrzeit abrufen können. Wichtig hierbei ist, die Informationen so kompakt wie möglich zu halten, da Leitfäden von mehreren hundert Seiten eine Abschreckung und keine Motivation darstellen. Außerdem könnte man Informationen in verschiedene Kategorien aufteilen und diese somit auf unterschiedliche Bereiche eines Unternehmens personalisieren, denn eine Personalabteilung benötigt anderes Wissen zu Menschen mit Behinderung als ein Mitarbeiter im Bereich Entwicklung. Durch diese Plattform wäre es weiterhin möglich, die einzelnen Hauptakteure Wirtschaft, soziale Einrichtungen und Menschen mit Behinderung besser miteinander zu verknüpfen. Eine weitere Idee wäre, ein Stellenportal zu integrieren, indem sowohl Unternehmen als auch Menschen mit Behinderung Inserate tätigen und sich durch eigene Profile finden lassen können. Eine Filterauswahl könnte bereits bei der richtigen Auswahl eines Unternehmens bzw. Arbeitnehmers helfen, indem z.B. die Art der Behinderung, die Qualifikationen und die Lernbereitschaft angegeben werden. Durch eine Online-Matching-Methode könnte man somit eine erste Übereinstimmung zwischen Arbeitgebern und Arbeitnehmern treffen. Das Portal muss in „Leichter Sprache" verfügbar sein und eine einfache Handhabung ermöglichen. Über dieses Stellenportal könnten somit nicht nur sozialversicherte Arbeitsverhältnisse, sondern auch Praktika, ausgelagerte Arbeitsplätze und

Arbeitsplätze in Inklusionsunternehmen ausgeschrieben werden. Mit Hilfe dieses Portals könnte man erwirken, dass sich Unternehmen registrieren, welche gern Menschen mit Behinderung einstellen würden, aber noch keinen direkten Ansprechpartner hatten oder Bewerbungen erhalten haben. Weiterhin können sich Menschen mit Behinderung bei diesen Unternehmen sicher sein, dass sie sich mit ihrer Behinderung bewerben können, was die Hemmschwelle sinken lässt und die Chance auf ein gutes Betriebsklima erhöhen sollte. Neben diesem Online-Stellenportal muss an der Wirksamkeit der Pflichtquote gearbeitet werden, da Strafzahlungen scheinbar nicht ausreichend sind, um Pflichtarbeitsplätze zu besetzen. Dabei könnte man ein Zertifikat einführen, welches ausweist, dass im Unternehmen die Pflichtarbeitsquote an schwerbehinderten Menschen erfüllt wird. Das schließt allerdings die Anrechnung von Aufträgen an Werkstätten aus, da dies nicht mit dem Inklusionsziel übereinstimmt. Außerdem müssten Unternehmen eine Beständigkeit in ihrer Tätigkeit vorweisen und die Schwerbehindertenpflichtquote, z.B. fünf Jahre in Folge, erfüllen. Außerdem müssten sie ein inklusives Projekt ins Lebens rufen oder unterstützen. Dabei sollen nur geringe Kosten entstehen, sodass Unternehmen aller Größen, besonders auch kleinere Unternehmen, Chancen haben, eine Zertifizierung zu erhalten. Damit wird gewährleistet, dass sich Unternehmen und ihre Arbeitnehmer mit der Inklusionsthematik außerhalb des Arbeitsplatzes auseinandersetzen. Die Zertifizierung ermöglicht, dass sich Unternehmen durch ihren Sozialstatus hervorheben können, was die Arbeit von Inklusionsunternehmen unterstützen würde, bei gleicher Eignung bevorzugt behandelt zu werden. Zudem müssen Unternehmen dahin geführt werden, dass einheitliche Konzepte entstehen, welche auch in wirtschaftlich schwachen Situationen des Unternehmens weitergeführt werden können. Andererseits muss von Einrichtungen für Menschen mit Behinderung und Ämtern daran gearbeitet werden, persönliche Ansprechpartner beizubehalten und keinen ständigen Wechsel zu verursachen, damit eine konstante Kooperation bestehen kann. Außerdem müsste bei zukünftigen Forschungsansätzen geprüft werden, weshalb Strafzahlungen der Ausgleichsabgabe nicht ausreichen, um mindestens die Pflichtquote von schwerbehinderten Arbeitnehmern zu garantieren. Ferner wäre es wichtig zu analysieren, ob eine Nicht-Anrechnung von Werkstattaufträgen auf die Ausgleichsabgabe zu einer Verringerung des Auftragsvolumens führt.

Literaturverzeichnis

ADLHOCH, U. et al. 2014. ABC Behinderung & Beruf. Handbuch für die betriebliche Praxis, 5. überarbeitete Ausgabe, S. 68–158.

AKTION MENSCH E.V. 2016. Inklusionsbarometer Arbeit. Ein Instrument zur Messung von Fortschritten bei der Inklusion von Menschen mit Behinderung auf dem deutschen Arbeitsmarkt. Handelsblatt; Research Institute, 4. Jahrgang, S. 28-37.

AKTION MENSCH E.V. 2017. Inklusionsbarometer Arbeit Jahrgang 2017, S. 10–28.

ANTIDISKRIMINIERUNGSSTELLE DES BUNDES. 2017. Religiöse Vielfalt am Arbeitsplatz, S. 8.

ARETZ, H.-J. 2006. Strukturwandel in der Weltgesellschaft und Diversity Management in Unternehmen. In: BECKER, Manfred & SEIDEL, Alina, Hrsg. Diversity Management. Unternehmens- und Personalpolitik der Vielfalt. Stuttgart: Schäffer-Poeschel Verlag, S. 52–57.

BAG WFBM. 2017. Menschen in Werkstätten. [WWW] https://www.bag-wfbm.de/page/25. (6. Juni 2018).

BAG WFBM. 2018. Verdienst in Werkstätten. [WWW] https://www.bag-wfbm.de/page/101. (6. Juni 2018).

BARNES, C. & MERCER, G. 2010. Exploring disability. A sociological introduction. 2. ed., 1. publ. Cambridge u.a.: Polity Press.

BECKER, U. 2015. Die Inklusionslüge. Behinderung im flexiblen Kapitalismus. Bielefeld: Transcript. (XTexte), S. 5-11.

BEIGANG, S. et al. 2017. Diskriminierungserfahrungen in Deutschland. Ergebnisse einer Repräsentativ- und einer Betroffenenbefragung. NOMOS. [WWW] http://www.antidiskriminierungsstelle.de/SharedDocs/Downloads/DE/publikationen/Expertisen/Expertise_Diskriminierungserfahrungen_in_Deutschland.pdf?_blob=publicationFile&v=5. (12. März 2018).

BOGNER, A., Hrsg. 2005. Das Experteninterview. Theorie, Methode, Anwendung. 2. Aufl. Wiesbaden: VS Verl. für Sozialwissenschaften, S. 61-74.

BÖHM, S., BAUMGÄRTNER, M. K. & DWERTMANN, D. J. G., Hrsg. 2013. Berufliche Inklusion von Menschen mit Behinderung. Best Practices aus dem ersten Arbeitsmarkt. SpringerLink. Berlin, Heidelberg: Springer Gabler.

BRUECKER, H. 2010. Zuwanderungsbedarf und politische Optionen für die Reform des Zuwanderungsrechts. DIE FORSCHUNGSEINRICHTUNG DER BUNDESAGENTUR FÜR ARBEIT. [WWW] http://doku.iab.de/graue-pap/2011/Fachkr%C3%A4ftebedarf_Migration_Br%C3%BCcker.pdf. (15. Februar 2018), S. 1-14.

BUNDESAGENTUR FÜR ARBEIT. 2017. Situation schwerbehinderter Menschen. Statistik [Berichte: Blickpunkt Arbeitsmarkt]. [WWW] https://statistik.arbeitsagentur.de/Statischer-Content/Arbeitsmarktberichte/Personengruppen/generische-Publikationen/Brosch-Die-Arbeitsmarktsituation-schwerbehinderter-Menschen-2016.pdf. (9. Mai 2018), S. 4-13.

BUNDESMINISTERIUM FÜR ARBEIT UND SOZIALES. 2011. Bundesministerium für Arbeit und Soziales: Unser Weg in eine inklusive Gesellschaft - Der Nationale Aktionsplan der Bundesregierung zur Umsetzung der UN-Behindertenrechtskonvention, S. 10-46.

CHARTA DER VIELFALT E. V. 2017a. Diversity Management. Mehrwert für den Mittelstand. [WWW] https://www.charta-der-vielfalt.de/fileadmin/user_upload/Studien_Publikationen_Charta/Charta_der_Vielfalt-KMU-2017.pdf. (8. Juni 2018), S. 11.

CHARTA DER VIELFALT E. V. 2017b. Factbook Diversity. Positionen, Zahlen, Argumente. [WWW] https://www.charta-der-vielfalt.de/fileadmin/user_upload/Diversity-Tag/2017/Downloads/Factbook_Diversity_2017_barrierefrei.pdf. (1. Februar 2018), S. 6-18.

CHARTA DER VIELFALT E. V. 2018. Unterzeichner_innen der Charta der Vielfalt. [WWW] https://www.charta-der-vielfalt.de/unterzeichnen/unterzeichner-innen/. (6. Juni 2018).

COX, T. & BLAKE, S. 1991. Managing Cultural Diversity: Implications for Organizational Competitiveness. The Executive (Vol. 5, No. 3), S. 45–56.

DEDERICH, M. et al. 2016. Handlexikon der Behindertenpädagogik. Schlüsselbegriffe aus Theorie und Praxis. 3., erweiterte und überarbeitete Auflage. Stuttgart: W. Kohlhammer Verlag, S. 75-110.

DRESING, T. & PEHL, T. 2018. Praxisbuch Interview, Transkription & Analyse. Anleitungen und Regelsysteme für qualitativ Forschende. [WWW] https://www.audiotranskription.de/download/praxisbuch_transkription.pdf?q=Praxisbuch-Transkription.pdf. (13. Februar 2018).

DUDENREDAKTION. o.J. In-klu-si-on, die. Duden | In-klu-si-on | Rechtschreibung, Bedeutung, Definition, Synonyme, Herkunft. [WWW] https://www.duden.de/rechtschreibung/Inklusion. (4. März 2018).

ERNST & YOUNG GMBH. 2016. Diversity in Deutschland. Studie anlässlich des 10-jährigen Bestehens der Charta der Vielfalt, S. 14–16.

ERNST & YOUNG GMBH. 2018. Mittelstandsbarometer Januar 2018. Befragungsergebnisse [Januar 2018]. [WWW] http://www.ey.com/Publication/vwLUAssets/ey-mittelstandsbarometer-januar-2018/$FILE/ey-mittelstandsbarometer-januar-2018.pdf. (1. Februar 2018), S. 4-13.

FRANKEN, S. 2015. Personal. Diversity Management. Wiesbaden: Springer Fachmedien Wiesbaden, S. 18-31.

GARDENSWARTZ, L. & ROWE, A. 1995. Why Gardenswartz & Rowe? [WWW] http://www.gardenswartzrowe.com/why-g-r. (9. Februar 2018).

GHAFFARIZAD, K. & MEBRAHTU, S. 2016. Alles schon fair? Mit Recht zu einem inklusiven Arbeitsmarkt! Dossier zu 10 Jahren Allgemeines Gleichbehandlungsgesetz. [2.2.5 Diskriminierung in der Arbeitswelt – (k)ein Nischenthema?!]. [WWW] https://www.netzwerk-iq.de/fileadmin/Redaktion/Downloads/Fachstelle_IKA/FS_IKA_Publikationen/FS_IKA_Dossier_AGG_Web.pdf. (29. März 2018), S. 52.

GLÄSER, J. & LAUDEL, G. 2010. Experteninterviews und qualitative Inhaltsanalyse. Als Instrumente rekonstruierender Untersuchungen. 4. Aufl. (Lehrbuch), S. 192-217.

G., S. 21. Februar 2018. Ausgelagerte Arbeitsplätze bei Hansa-Flex Weixdorf.

GÖTTSCHE, F. 2017. Bevölkerung mit Migrationshintergrund um 8,5 % gestiegen. [WWW] https://www.destatis.de/DE/PresseService/Presse/Pressemitteilungen/2017/08/PD17_261_12511.html. (12. Februar 2018).

GUTTING, D. 2016. Interkulturelles Management, Diversity und internationale Kooperation. Herne: Kiehl, S. 174-192.

HANSA-FLEX AG. 2007. Unternehmen - Firmenprofil. HANSA-FLEX AG. [WWW] https://www.hansa-flex.com/unternehmen.html. (6. Juni 2018).

HARVEY, D. 2000. The condition of postmodernity. An enquiry into the origins of cultural change. 1. publ., repr. Cambridge Mass. u.a.: Blackwell, S. 75-82.

HOLST, E. & FRIEDRICH, M. 2017. Führungskräfte-Monitor 2017. Update 1995-2015. Berlin: DIW Berlin Deutsches Institut für Wirtschaftsforschung. (DIW Berlin; 121), S. 85.

HOPPENSTEDT HOCHSCHULDATENBANK. o.J.b. BISNODE. [WWW] http://www.hoppenstedt-hochschuldatenbank.de/.

JUDGE, T. A. & LARSEN, R. J. 2001. Dispositional Affect and Job Satisfaction. A Review and Theoretical Extension. Organizational Behavior and Human Decision Processes, **86** (1), S. 67–98.

KAY, R. 2012. JUNG – ALT – BUNT. Diversity und der demographische Wandel. [WWW] https://www.charta-der-vielfalt.de/fileadmin/user_up-load/Studien_Publikationen_Charta/Jung_Alt_Bunt.pdf. (14. März 2018), S. 23.

KLEMM, K. 2015. Inklusion in Deutschland. Daten und Fakten. BERTELSMANN STIFTUNG, HRSG. Gütersloh. [WWW] https://www.bertelsmann-stif-tung.de/fileadmin/files/BSt/Publikationen/GrauePublikationen/Stu-die_IB_Klemm-Studie_Inklusion_2015.pdf. (4. März 2018), S. 7-11.

KOMMUNALER SOZIALVERBAND SACHSEN. 2012. Der besondere Kündigungs-schutz für schwerbehinderte Menschen nach SGB IX. Solidarisch-Sozial-Stark [Integrationsamt]. [WWW] https://www.ksv-sach-sen.de/images/dokumente/publikationen/Broschuere_Kuendigungs-schutz.pdf. (6. Juni 2018).

KÖPPEL, P. 2013. Diversity Management in Deutschland 2013: Ein Benchmark unter den DAX 30-Unternehmen. Schwerpunkt: Führungskräfte. [WWW] http://www.synergie-durch-vielfalt.de/fileadmin/diverse_PDF/Bench-mark_DM_2013.pdf. (1. Februar 2018), S. 12.

KÖPPEL, P. 2014. Diversity Management in Deutschland Benchmark 2014. Stra-tegie oder Alibi? [WWW] http://www.synergyconsult.de/filead-min/downloads/Benchmark_DM_2014.pdf. (1. Februar 2018), S. 3-14.

KUCKARTZ, U. et al. 2008. Qualitative Evaluation. Der Einstieg in die Praxis. 2., aktualisierte Auflage. Wiesbaden: VS Verlag für Sozialwissenschaften / GWV Fachverlage GmbH Wiesbaden, S. 15-77.

KUCKARTZ, U. 2016. Qualitative Inhaltsanalyse. Methoden, Praxis, Computer-unterstützung. 3., überarbeitete Auflage. Weinheim, Basel: Beltz Juventa. (Grundlagentexte Methoden), S. 27.

KÜHLMANN, T. M. & HEINZ, R. 2017. Managing Cultural Diversity in Small and Medium-Sized Organizations. A Guideline for Practitioners. Wiesbaden, s.l.: Springer Fachmedien Wiesbaden. (Internationale Wirtschaftspartner), S. 1-13.

LEIDMEDIEN. 2017. Inklusion - Was heißt das? [WWW] http://leid-medien.de/geschichte/inklusion/. (6. Juni 2018).

LÜDERS, C. et al. 2016. Alles schon fair? Mit Recht zu einem inklusiven Arbeits-markt! Dossier zu 10 Jahren Allgemeines Gleichbehandlungsgesetz. [WWW] https://www.netzwerk-iq.de/fileadmin/Redaktion/Down-loads/Fachstelle_IKA/FS_IKA_Publikationen/FS_IKA_Dos-sier_AGG_Web.pdf. (24. März 2018), S.84-89.

MARX, C. 2015a. Inklusionbarometer Arbeit. Ein Instrument zur Messung von Fortschritten bei der Inklusion von Menschen mit Behinderung auf dem deutschen Arbeitsmarkt [3. Jahrgang (2015)]. [WWW] https://www.ak-tion-mensch.de/inklusionsbarometer.html. (8. Juni 2018), S. 7-41.

MARX, C. 2015b. Vielfalt und Inklusion als Chance für Gesellschaft und Unter-nehmen. [WWW] http://www.b-b-e.de/fileadmin/inhalte/ak-tuelles/2015/04/nl08_marx.pdf. (9. Mai 2018), S. 2.

MAYR, S. 2017. Total logisch. Der Software-Konzern hat gezielt 120 Menschen mit Autismus eingestellt. Die Bilanz: Genauere Analysen, bessere Abspra-chen, ein Programmierer, der 40 Millionen Euro einspart - und etwas we-niger Höflichkeit. Süddeutsche Zeitung. 26. Februar. [WWW] http://www.sueddeutsche.de/wirtschaft/sap-total-logisch-1.3395730. (14. März 2018).

MAYRING, P. 2015. Qualitative Inhaltsanalyse. Grundlagen und Techniken. 12., überarb. Aufl. Weinheim: Beltz. (Beltz Pädagogik), S. 22-131.

O.V. 2014. Das Jahr in Kleinwachau - 2014. Der Jahresrückblick aus Klein-wachau. [WWW] https://issuu.com/kleinwachau/docs/jahresrueck-blick_2014_web_144dpi/44. (6. Juni 2018).

O.V. 2015a. Fachpolitische Leitgedanken und Vorschläge. der Bundesarbeitsge-meinschaft der Integrationsämter und Hauptfürsorgestelle (BIH) zur Wei-terentwicklung des Rechts der Menschen mit Behinderungen im berufli-chen Kontext. Münster: Bundesarbeitsgemeinschaft der Integrationsämter und Hauptfürsorgestelle (BIH). (22. Mai 2018).

O.V. 2015b. Versorgungsmedizinverordnung. - VersMedV -Versorgungsmedizinische Grundsätze. (06.06.2018), S. 19-123.

O.V. 2016a. Das neue Behindertengleichstellungsgesetz. "Mehr möglich machen. Weniger behindern.". [WWW] http://www.bmas.de/DE/Presse/Meldungen/2016/gesetz-zur-weiterentwicklung-des-behindertengleichstellungsrechts-in-kraft.html. (5. Januar 2018).

O.V. 2016b. Förderung für Arbeitgeber. Einfach Teilhaben. [WWW] http://www.einfach-teilhaben.de/DE/StdS/Ausb_Arbeit/Foerderung_AG/foerderung_ag_node.html.

O.V. 2016c. Inklusionsunternehmen in Zahlen. [WWW] http://www.bag-if.de/integrationsunternehmen-in-zahlen/. (10. Mai 2018).

O.V. 2016d. Probebeschäftigung und Eingliederungszuschuss. [WWW] http://www.einfach-teilhaben.de/DE/StdS/Ausb_Arbeit/Foerderung_AG/Eingl_Zuschuss/eingl_zuschuss_node.html;jsessionid=9E0877CBC4FBB2BB7F828E10442FB1E4.2_cid345. (14. April 2018).

O.V. 2017a. Ausgelagerte Arbeitsplätze im Rahmen von Werkstätten für behinderte Menschen. [WWW] https://www.bundestag.de/blob/497904/14efe6fd351f31fc740d9b753412e906/wd-6-003-17-pdf-data.pdf. (6. Juni 2018).

O.V. 2017b. Mehr Frauen in Führungspositionen. Bericht im Kabinett. [WWW] https://www.bundesregierung.de/Content/DE/Artikel/2017/08/2017-08-16-frauenquote-bericht-bundestag.html. (11. Februar 2018).

O.V. 2018. Berufsbildungsbereich. [WWW] http://www.kleinwachau.de/arbeit-fuer-menschen-mit-behinderungen/berufsbildungsbereich.html. (8. Juni 2018).

OTTO-ALBRECHT, M. 2015. Wirtschaft Inklusiv. Berufliche Inklusion: Da geht mehr als Sie denken [Eine Zwischenbilanz]. [WWW] http://www.wirtschaft-inklusiv.de/fileadmin/Redaktion/Zwischenbilanz_WI_Da_geht_mehr_als_Sie_denken_.pdf. (17. April 2018).

ROLAND BERGER STRATEGY CONSULTANTS. 2012. Diversity & Inclusion. Eine betriebswirtschaftliche Investition. [WWW] http://www.cssa-wiesbaden.de/fileadmin/Dokumente/Demografischer_Wandel/Dokumente/Diversity/Diversity_and_Inclusion_Roland_Berger_D_20120716.pdf. (1. Februar 2018).

SCHAWEL, C. & BILLING, F. 2012. 7-S-Modell. In: SCHAWEL, Christian & BILLING, Fabian, Hrsg. Top 100 Management Tools. Das wichtigste Buch eines Managers ; von ABC-Analyse bis Zielvereinbarung. Wiesbaden: Springer Gabler, S. 307–314.

STATISTISCHES BUNDESAMT. 2015a. Behinderte Menschen. [WWW] https://www.destatis.de/DE/ZahlenFakten/GesellschaftStaat/Gesundheit/Behinderte/BehinderteMenschen.html. (9. März 2018).

STATISTISCHES BUNDESAMT. 2015b. Bevölkerung Deutschlands bis 2060. 13. koordinierte Bevölkerungsvorausberechnung.

STATISTISCHES BUNDESAMT. 2016. Unternehmensregister. Unternehmen, Beschäftigte und Umsatz1 2016. [WWW] https://www.destatis.de/DE/ZahlenFakten/GesamtwirtschaftUmwelt/UnternehmenHandwerk/Unternehmensregister/Tabellen/UnternehmenBeschaeftigteUmsatzWZ08.html. (22. Mai 2018).

STUBER, M. & CLEMENS, M. 2014. Diversity & Inclusion. Das Potenzial-Prinzip ; [ungleich besser ; das Beste aus 15 Jahren Forschung & Praxis]. 3., aktualisierte und überarb. Aufl. Aachen: Shaker, S. 15-28.

WEISE, F.-J. 2013. Vorwort des Vorsitzenden des Vorstands der Bundesagentur für Arbeit (Deutschland). In: BÖHM, Stephan, BAUMGÄRTNER, Miriam K. & DWERTMANN, David J. G., Hrsg. Berufliche Inklusion von Menschen mit Behinderung. Best Practices aus dem ersten Arbeitsmarkt. Berlin, Heidelberg: Springer Gabler. (SpringerLink), S. V–VI.

Anhang

Anlage 1: The Four Layers of Diversity
Quelle: Gardenswartz & Rowe, 1995

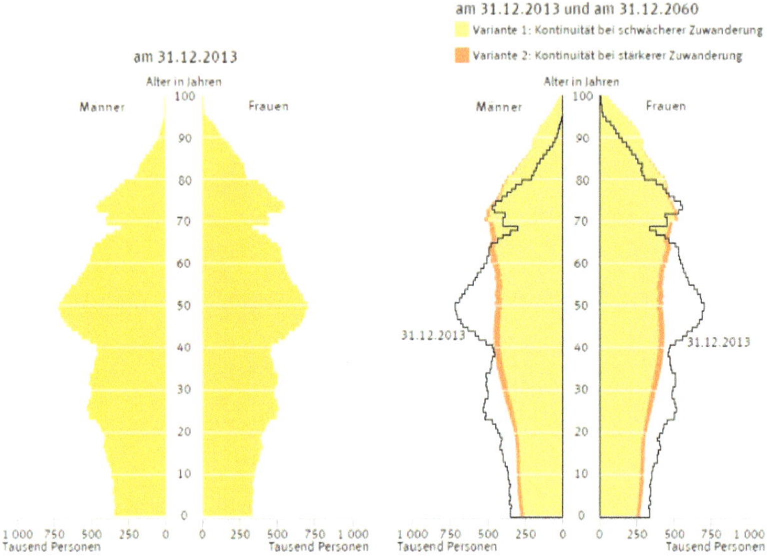

Anlage 2: Bevölkerungsentwicklung bis 2060
Quelle: Bundesagentur für Arbeit, 2017 in Anlehnung an Statistisches Bundesamt

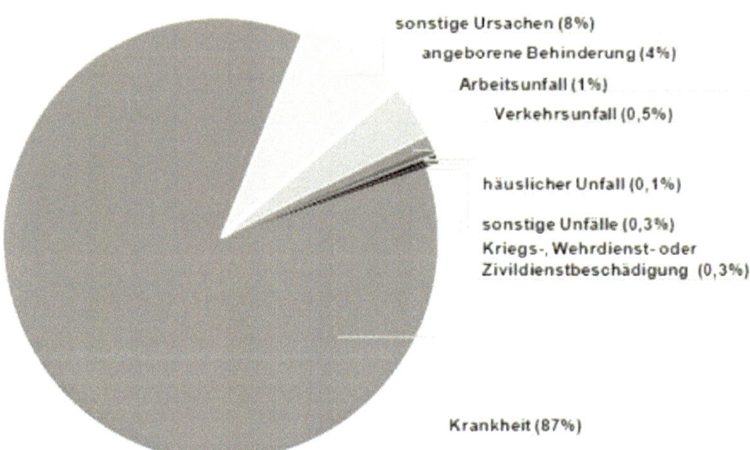

Anlage 3: Schwerbehinderte Menschen nach Art ihrer schwersten Behinderung
Anteile, 31. Dezember 2015
Quelle: Statistik der Bundesagentur für Arbeit, 2017 in Anlehnung an Statistisches Bundesamt

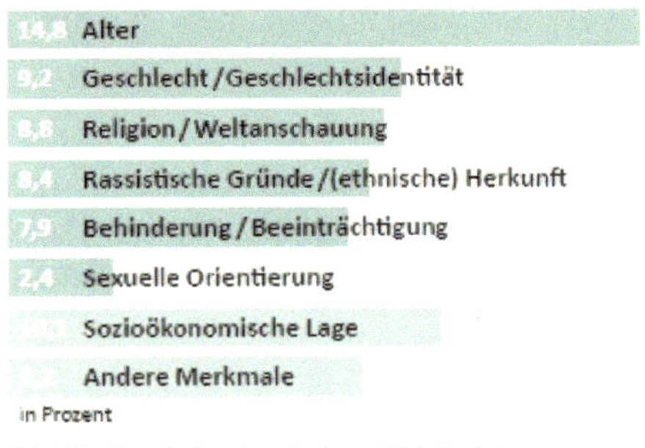

Anlage 4: Häufigkeit von Diskriminierungserfahrungen nach Merkmalen
Quelle: Lüders et al., 2016

Anlage 5: Vorstellungen von Menschen mit Behinderung zum Berufsalltag

3. Was möchten Sie für Ihre Arbeit lernen?

Erfahrungen sammeln mit Mitmenschen und verschiedenen Arbeitspraktiken, meine geistigen und körperlichen Grenzen kennzulernen

Egal was wir machen müssen, Hauptsache wir machen was

Soviel wie möglich

Kochen, Wäsche richtig sortieren, waschen, bügeln, Reinigung der Räume

Ich möchte neue Dinge ausprobieren und erlernen

Wenn ich einen Außenarbeitsplatz habe möchte ich mal einen Lehrgang machen oder eine Ausbildung

Präsentieren der DAT, Verkauf von produzierten Produkten, Verkauf und Einkauf von Materialien, EDV-Kenntnisse verbessern

Erfahrungen, neues lernen

Besser mit Kritik umgehen zu können

Handhabung von Maschinen und Geräten

Lesen und rechnen

Ich möchte gerne die Fahrerlaubnis machen, ich möchte lernen, mit Geld umzugehen und selbstständiger werden in der Lebensorganisation

Grundhandgriffe beim DRK

Schweißen

alles was zum Job gehört

nichts

Ich arbeite gerade in der Landschaftspflege und möchte noch mehr Erfahrung mit der Motorsense, noch mehr Kenntnisse in Pflanzenkunde

Sehr viel will ich noch lernen

Ich möchte etwas mit Lebensmitteln lernen

Das was für die Arbeit notwendig ist

Gute Qualität der Produkte erzielen

Gärtner

Arbeitsschritte und Methoden, die die Arbeit erleichtern

Ich möchte, dass ich noch mehr über den Haushalt lerne und mich nicht so schnell ablenken lasse und mich immer konzentriere

Namen der Pflanzen

Arbeit an der Maschine und Sanduhren

Mehr über Lampen verstehen, Erfahrung sammeln, Ausdauer, Konzentration, alles richtig machen

So viel lernen, damit ich selbstständig arbeiten kann

Geld in den Kaffeeautomat stecken

Ich möchte Konzentration lernen und Geduld, ich muss meine Ängste überwinden und darüber reden können mit Gruppenleiter oder Sozialem Dienst

Ich müsste noch alles besser lernen, um im Wäschereibereich alle Arbeiten gut auszuführen und damit überall einsetzbar sein

Mich besser zu konzentrieren, durchhalten

Verhaltensregeln beim Umgang mit Beschäftigten sowie im Außenpraktikum beim Umgang mit Senioren

Kaputte Technik reparieren, dass ich selbstständig arbeiten kann und nicht immer fragen muss

Viel Neues, was ich noch nicht in meiner 3jährigen Ausbildung gelernt habe

Ich möchte viel über Textil lernen, dass ich das gut kann und viel darüber weiß, dass ich gut weben kann, sticken, häkeln und alles, was es noch bei dem Textil gibt und dass ich mich gut konzentrieren kann

Alles   Holz, Elektro, Metall, Spiegelschrankbau

Dass ich lerne, nicht immer so traurig zu sein oder als Neuer denke „alles Sch......"

Nix mit Holz

Ich interessiere mich für alle Arbeiten in der Betriebsstätte 3

Verwaltung, alles was im Büro zu tun ist

Rechnen und schreiben möchte ich lernen, lesen geht schon so ein bisschen; Mathe: einfache Aufgaben gehen, aber dann wird es schwer

Ich würde gern mal einen Dachstuhl bauen und den konstruieren können

Nix

Pflanzenvermehrung, Pflege, Verkauf, wenn möglich, weil ich auch in anderen Gärtnereieinrichtungen lernen

Erfahrungen sammeln auch mit nichtbeeinträchtigten Mitarbeitern, den Weg finden, selbstständiger zu werden und Selbstbewusstsein gewinnen, Ängste überwinden

Spalter und Mäher bedienen

Küchenhelfer; ich möchte in einer Küche arbeiten, wo ich mit Lebensmitteln arbeiten kann

Alles oder nichts

Alles was wichtig und nötig ist, um selbstständig zu arbeiten

Arbeiten mit Word, Excel, Photoshop

So einiges

Dass ich immer ordentlich arbeiten möchte und das möchte ich alles noch lernen für mein weiteres Leben

Keine Ahnung.... irgendwas mit Holz und Metall

Ordnung, Sauberkeit am Arbeitsplatz

Maler- und Lackierarbeiten, Holzarbeiten

Dass man was dazu lernt

Tätigkeiten für Papier- und Verpackungsabteilung

Alle Arbeiten, die man im Beruf wichtig sind und die ich auch brauche

Neue Berufe kennenlernen, eine gute Arbeit finden, viel Förderung

Ordnung, Geduld, Verantwortung

Ausdauer, Konzentration, ruhiges Arbeiten, schnelles Arbeiten

Dass ich später mal selbstständig werde

Verpacken

bessere Rechtschreibung, selbstständiges Arbeiten

Mehr Ausdauer, dass man mich mehr belasten kann

Nähmaschine bedienen

Schwere Sachen lernen

Mehr Vertrauen

Umgang mit Montieren und Technik und Arbeitsablauf der Arbeit

Mehr zu sägen, Umgang mit Maschine zu lernen

Handarbeit gefällt mir: Materialien verpacken, abzählen

Besser und genau zu arbeiten

Ich möchte verschiedene Praktikas machen, um zu sehen, was mir liegt

Ich möchte alles lernen, was bei der Feuerwehr wichtig ist

Freundlich zu sein

Wie man mit verschiedenen Maschinen arbeitet

Projekt wird gefördert durch: Freistaat SACHSEN

Quelle: o.V., 2015b

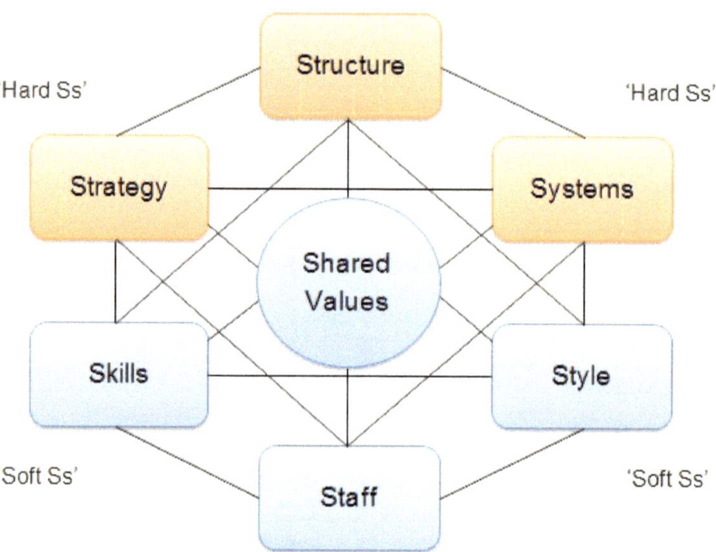

Anlage 6: 7-S Modell nach McKinsey
Quelle: Jurevicius, 2013

Kriterien und Gewichtung der Nutzwertanalyse

Anzahl	Kriteriengruppe	Kriterium	Aussage zur Überprüfung	Bedingung
1	Gruppe A: Unternehmensphilosophie	Wissens- und Informationsstand	Das Unternehmen hat sich bereits mit dem Thema Inklusion und mit der Einstellung von Menschen mit Schwerbehinderung beschäftigt.	wenn ja, dann.
2		Wissens- und Informationsstand	Das Unternehmen hat sich aus dem Grund XY noch nicht mit Inklusion beschäftigt.	offene Frage, eventuell Vorschlag
3		Wissens- und Informationsstand	Das Unternehmen zeigt eine grundsätzliche Offenheit und Initiativbereitschaft gegenüber Inklusion, der Vergabe von Arbeitsplätzen an Menschen mit	
4	Gruppe B: Rechtliches	Wissens- und Informationsstand	Das Unternehmen kennt Gesetzesentwürfe, nationale Aktionspläne,	wenn ja, dann.
		Wissens- und Informationsstand	Das Unternehmen hat sich bereits bei zuständigen Behörden über die Einstellung von Menschen mit Schwerbehinderung informiert.	
			Das Unternehmen hat sich durch externe Institutionen (Behörden, Ämter…) gut beraten gefühlt.	
			Die Beratung hat zu einer Einstellung eines Menschen mit Schwerbehinderung	
			Das Unternehmen hätte sich mehr Unterstützung und eine bessere Beratung	
5		Wissens- und Informationsstand	Das Unternehmen weiß über Förderungszuschüsse bei Menschen mit Schwerbehinderung Bescheid.	wenn ja, dann.
			Das Unternehmen hat Förderungszuschüsse bereits in Anspruch genommen	
			Mit der Beantragung von Förderungszuschüssen gab es in der Vergangenheit	
6	Gruppe C: Führungsstil und -grundsätze	Kontakt und Kooperation	Das Unternehmen hatte bereits Kontakt zu Behinderterwerkstätten bzw. -einrichtungen und steht mit diesen in Kontakt.	
7		Toleranz und Diversity Ansatz	Das Unternehmen hat bereits Menschen mit Schwerbehinderung eingestellt	wenn ja, dann.
			Diese Person ist als Erwerbstätigkeit in unserer Firma angestellt	
			Diese Person arbeitet bei uns unter Vereinbarung eines Werkstattvertrages	
			Im Unternehmen arbeiten Menschen mit und ohne Behinderung gemeinsam an	
8		Rolle der Mitarbeiter	Mitarbeiter tragen für ihr jeweiliges Aufgabengebiet eine hohe Verantwortung.	
9		Rolle der Mitarbeiter	Mitarbeiter unseres Unternehmens haben fachspezifische Aufgaben zu erfüllen, welche einer fachgerechten Ausbildung benötigen.	
10		Rolle der Mitarbeiter	Das Unternehmen ist der Meinung, dass ein Mensch mit Schwerbehinderung den komplexen Mitarbeitertätigkeiten des Unternehmens nicht gewachsen ist.	
11		Führungsstil	Anmerkungen und Rückmeldungen von Mitarbeitern sind uns sehr wichtig. Deshalb finden **X mal pro Jahr/Monat** Mitarbeitergespräche bzw. -treffen statt.	offene Frage
12		Führungsstil	Hervorragende Leistungen der Mitarbeiter werden anerkannt und gewürdigt (z.B. Auszeichnung, Kundmachung vor der Belegschaft, Mitarbeiter des Monats, u.ä.)	
13		Führungsstil	Der Geschäftsführer nimmt eine alleinige Führungsposition ein und trifft	entweder, oder
14		Führungsstil	Der Geschäftsführer erfährt Unterstützung in seiner Führungsposition (z.B. durch Junior Chef) und Entscheidungen werden durch eine Gruppe getroffen.	

Legende: Bewertungskriterium | Extra Info (Abhängigkeit)

Anlage 7: Vorläufiges Kategoriensystem
Quelle: Eigene Darstellung

Anlage 8: Kategoriensystem deduktiv

	Kategorienbezeichnung	Definition	Ankerbeispiel
OK 1	Thematische Auseinandersetzung	Das Unternehmen hat sich bereits mit dem Thema Inklusion und mit der Einstellung von Menschen mit Schwerbehinderung beschäftigt.	"Hier am Standort muss ich sagen relativ wenig. Wobei beim näheren Nachdenken ist es dann doch gar nicht so wenig." (I 1, Z. 4)
UK 1.1.	Gründe für Nicht-Beschäftigung	Das Unternehmen hat sich wegen bestimmten Gründen noch nicht mit Inklusion beschäftigt	
UK 1.2.	Initiativbereitschaft	Das Unternehmen zeigt eine grundsätzliche Offenheit und Initiativbereitschaft gegenüber Inklusion und der Vergabe von Arbeitsplätzen an Menschen mit Behinderung. Engagement wird gezeigt.	"Genau, ermutigen und sollten sich trauen sich zu bewerben. Und nicht denken wir haben keine Chance. Diese müsste man mehr ermutigen glaube ich. Wie ist die Frage." (I 1, Z. 33)
OK 2	Einstellung von Menschen mit Schwerbehinderung	Das Unternehmen hat bereits Menschen mit Schwerbehinderung eingestellt.	"Elf Kollegen mit einem schwerbehinderten Ausweis im Unternehmen beschäftigt." (I 2, Z. 13)
UK 2.2.	Vertragsart	Schwerbehinderte Personen sind sozialversicherte Arbeitnehmer im Unternehmen, über einen Werkstattvertrag angestellt oder Aufträge werden an Werkstätten abgegeben.	
UK 2.3.	Zusammenarbeit von Menschen mit und ohne Behinderung	Art der Zusammenarbeit von Menschen mit und ohne Behinderung.	"Also das ist tatsächlich, zwischen den Kollegen gibt es keine Probleme. Da gibt es keine Berührungsängste und keine Vorbehalte." (I 2, Z. 19)
OK 3	Wissensstand	Das Unternehmen kennt politische Instrumente, wie Gesetzentwürfe, die Ausgleichsabgabe und weitere Inhalte im Zusammenhang mit der Einstellung von Menschen mit Schwerbehinderung.	"Das Thema bestand bei uns noch gar nicht so. Erstmal wusste ich das gar nicht, gut da muss ich dazusagen, dass das Personal, da gibt es an dem Standort kein Team. Also wir haben ein Personalteam, Human Resources, in der Zentrale und da gibt es eine Personalreferentin, die ist für uns hier für den Standort verantwortlich." (I 1, Z. 8)
UK 3.1.	Eigenständige Auseinandersetzung	Das Unternehmen hat sich bereits bei zuständigen Behörden über die Einstellung von Menschen mit Schwerbehinderung informiert.	"I: Der finanzielle Zuschuss für den Mitarbeiter, welcher die Arbeitsposition gewechselt hat, müssten Sie sich dann darum kümmern? B: Da muss man sich schon als Arbeitgeber dann kümmern ja." (I 4, Z. 8-9)
UK 3.2.	Externe Unterstützung	Das Unternehmen hat sich durch externe Institutionen beraten lassen, hat dabei positive bzw. negative Erfahrungen gemacht.	"Aber im Prinzip ist Unterstützung da und die Leute sind auch bemüht die Kollegen da einzugliedern. Also ich hab da keine negative Erfahrung gemacht." (I 2, Z. 23)
UK 3.3.	Förderungsmittel	Das Unternehmen kennt die Möglichkeit der finanziellen Förderungszuschüsse. Das Unternehmen hat diese in Anspruch genommen.	"In Kulmbach haben wir für einen Kollegen zum Beispiel Scherenhubwägen, dass die die Kisten nicht mehr runterheben müssen, wenn die kommissionieren, sondern die nur rüber ziehen müssen." (I 4, Z. 7)

UK 3.4	Politische Instrumente	Bewertung von Gesetzesentwürfen (Bundesteilhabegesetz) und Ausgleichsabgabe.	"Also gesamtpolitisch ist das sicherlich richtig und wichtig. Dass man versucht auch Schwerbehinderte in ganz normalen Arbeitswegen einzubringen. Es gibt auch viele Tätigkeiten, da ist es "wurscht" ob jemand schwerbehindert ist oder nicht. Gerade im Verwaltungsbereich, da muss man dann die Art der Schwerbehinderung anschauen." (I 4, Z. 13)
OK 4	Mitarbeiterrolle	Die Rolle der Mitarbeiter wird klar beschrieben und abgegrenzt.	
UK 4.1	Verantwortung	Verantwortungsbereich der Mitarbeiter.	"Also generell wird die Verantwortung für jeden einzelnen Mitarbeiter sehr hoch gelegt, für jeden einzelnen Mitarbeiter." (I 1, Z. 27)
UK 4.2	Qualifikation	Benötigte Qualifikationen der Mitarbeiter	"Das war früher ganz stark handwerklich. Das ist heute hochgradig technisch." (I 4, Z. 19)
UK 4.3.	Eignung für Menschen mit Behinderung	Das Unternehmen ist der Meinung, dass ein Mensch mit Schwerbehinderung den Mitarbeitertätigkeiten des Unternehmens gewachsen bzw. nicht gewachsen ist.	"Wir haben viele Tätigkeiten, die sind in der Regel körperlich schwer." (I 4, Z. 7)
OK 5	Unternehmenskultur	Unternehmenskultur bedeutet hier, die Wahrnehmung des eigenen Unternehmens und Vermittlung von bestimmten Werten.	"Dass die Firma eine Stiftung wird, zumindest große Teile, ihre Anteile, mehr als 50 Prozent. Und Stiftungskapital und (…) die Satzung sagt, dass die Firma nicht zu Verkauf steht, hauptsächlich in Deutschland produziert und eben Arbeitsplätze in Deutschland erhalten bleiben sollen, also kein Fremdkapital in der Firma" (I 1, Z. 2)
UK 5.1	Vorgesetzten-Mitarbeiter-Beziehung	Aspekte zu Mitarbeitergesprächen, offene Haltung, Erzählweise des Interviewten und damit Rückschlüsse auf das Verhältnis zwischen Mitarbeitern und Vorgesetzten.	"wir haben jährlich Mitarbeitergespräche mit jedem Mitarbeiter" (I 1, Z. 22)
UK 5.2.	Führungsstil	Der Geschäftsführer nimmt eine alleinige Führungsposition ein und trifft Entscheidungen selbst. Der Geschäftsführer erfährt Unterstützung in seiner Führungsposition (z. B. durch Junior Chef) und Entscheidungen werden durch eine Gruppe getroffen.	
UK 5.3	Kooperationsbereitschaft	Das Unternehmen hatte bereits Kontakt zu Behindertenwerkstätten bzw. -einrichtungen und steht mit diesen in Kontakt	"Dazu kommt noch ein bisschen, dann werden Aufträge an Behindertenwerkstätten. Also alles was so (…) zum Beispiel (…) unsere alten Computer der werden nicht irgendwo auf den Müll geschmissen, sondern die werden in der Zentrale gesammelt, werden dann auseinander genommen, in den Werkstätten. Das weiß ich zum Beispiel schon. Aber das sind noch mehrere Aufträge die so einfache Dinge (…) Und deswegen haben wir die Quote wahrscheinlich (…)" (I 1, Z. 16)

Quelle: Eigene Darstellung

Leitfrage, Erzählimpulse	Memospalte	Fragen zur Aufrechterhaltung des Gesprächsflusses	Notizen
„Bachelorarbeit zum Thema „Inklusionslücke in der Industrie. Eingliederung von Menschen mit Behinderung in mittelständischen Unternehmen". Erörtern inwieweit Inklusion vorangeschritten ist und welche Handlungsmaßnahmen für die Zukunft wichtig sind." „Sie sind Anbieter für Medizin-, Orthopädieschuh- und Rehabilitationstechnik und arbeiten im B2B Bereich. Ist das richtig und können Sie mir Ihr Unternehmen noch etwas näher vorstellen?			
Ich habe gelesen, dass Sie das Epilepsiezentrum bereits mit Spenden unterstützen. Wollen Sie kurz etwas dazu erzählen, wie hat sich diese Initiative ergeben?	„Bereits mit Inklusion und Einstellung von Menschen mit Behinderung beschäftigt" „Offenheit und Initiativbereitschaft gegenüber Inklusion u. der Vergabe von Arbeitsplätzen an Menschen mit Behinderung" „Bereits Kontakt zu Behinderteneinrichtung" „Förderungszuschusse" „Bei Behörden informiert" „Kennen Gesetzentwürfe"	Stehen Sie in engeren Kontakt zur Einrichtung? Haben sich durch die Initiative neue Blickpunkte für das Unternehmen entwickelt? Haben Sie außerhalb dieser Initiative schon mehr über die Einstellung v. MmB erfahren?	
Was ist Ihre Meinung zur Ausgleichsabgabe? Denken Sie, es ist eine effektive Maßnahme, um Inklusion voranzubringen?		Zwischen 125 bis 320 € 5 % Quote	
Zu welchen Anlässen findet sich das Unternehmen im Jahr zusammen?	„Auszeichnung besonderer Leistungen" „Mitarbeitergespräche"	„Gibt es dann auch Mitarbeitergespräche oder besondere Auszeichnen?"	
Wodurch zeichnen sich für Sie die Mitarbeiter Ihres Unternehmens aus?	„Mitarbeiter und Verantwortung" „Fachspezifische Aufgaben mit jeweiliger Ausbildung" „Aufgabe nicht gewachsen"	„Können Sie das genauer erklären…" „Welche Qualifikation haben Ihre Mitarbeiter?" „Würden Sie sagen, dass Ihre Mitarbeiter große Verantwortung für ihren Aufgabenbereich tragen?" „Würden Sie sagen ein Mensch mit Behinderung könnte der Aufgabe gewachsen sein? Chance geben?"	
Nehmen wir an Menschen mit Behinderung sollen eingestellt werden und ein Konzept soll erarbeitet werden. Wer würde bei Ihnen im Unternehmen die Entscheidung treffen?	„Führungskraft alleinige Position" „Führungsgruppe"		

Anlage 9: Leitfaden Beispiel

Quelle: Eigene Darstellung

INTERVIEWVEREINBARUNG

Name des Interviewten:
Tel.:
E-Mail:

Ort des Interviews:
Datum des Interviews: XX.02.2018

Ich, der Interviewte, erkläre

Ich habe an dem oben genannten Interview teilgenommen und war mit der Aufzeichnung des Interviews auf Audioband einverstanden. Ich überlasse Frau Sara Gnauck für Ihre Bachelorarbeit, „Inklusionslücke in der Industrie", als Schenkung alle Nutzungsrechte an dem im Rahmen des Interviews entstandenen Dokumenten und stimme einer Verwendung für ausschließlich wissenschaftliche Zwecke in anonymisierter Form zu.

____
Ort, Datum / Unterschrift des Interviewten

____
Ort, Datum/ Unterschrift der Interviewerin

Anlage 10: Interviewvereinbarung
Quelle: Eigene Darstellung in Anlehnung an Gläser & Laudel, 2010

Anlage 11: Transkription Unternehmen 1

B: Also XY als Gesamtunternehmen kommt (...) ja (...) als Familienunternehmen, es ist ein sehr SEHR bodenständiges Unternehmen kommt aus dem Bereich Magnetventiltechnik (...) hauptsächlich. Also ganz ursprünglich geht das noch weiter zurück. Der Firmengründer hat 1946 direkt nach dem Krieg eine Geschäftsidee gehabt, im Kochertal, das ist bei (...) zwischen Nürnberg und Heilbronn so grob gelegen. Vielleicht kennen Sie Künzelsau, das ist alles landschaftlich reizvoll gelegen in den Weinbergen. Und hat dort, als nach dem Krieg alles aufgebaut werden musste, die Idee gehabt (...) die Leute brauchten „chicken". Also zu der Zeit waren dort viele Amerikaner stationiert und die brauchten Hühnchen (...) also so. Und gab es nicht ausreichend und er hat dann aus abgestürzten Flugzeugen Bi-Metall-Streifen ausgebaut und damit erste Regler gebaut. Temperaturregler für Brutanlagen (?) und damit konnte er dann Hühnchen produzieren (Lachen) in Anführungsstrichen. Also hat dann dafür gesorgt, dass eben die Nahrungsmittelversorgung dort verbessert wurde und danach ist das Unternehmen relativ schnell gewachsen. Also hat damit sein erstes Geld verdient, hat dann Ventile entwickelt. Das Unternehmen wuchs tatsächlich von null, also einer Person, in kürzester Zeit dann auf einige 100 an (...) relativ schnell. Hat jahrelang Magnetventile geliefert, aber auch dann Regler, Sensoren und zum Beispiel in Kühlschränken war das früher auch mit. Das war dann ein Markt, der nicht mehr attraktiv war und das Unternehmen hat sich dann in die industrielle Schiene begeben. Also Ventile, Sensoren, Regler, Automatisierungssubsysteme für Anlagen, wo es strömt und fließt, also Fluide im Weitesten Sinne, Gase und Flüssigkeiten. Und da entwickeln wir alles, also da haben wir auch eine hohe Fertigungstiefe. Also es wird alles selbst produziert und die Firma selbst ist nach dem Ableben der Frau, die den Firmengründer überlebt hat. Der ist selbst abgestürzt 1971 (...) über dem Atlantik. Und ja hat ein Vertriebsnetz aufgebaut und ist selbst geflogen und hat eine neue Maschine überführen wollen, von den USA und ist nicht zurückgekommen. So und seitdem (...) hat ein Geschäftsführer die Firma geleitet, seine Frau als Hauptgesellschafterin hat das Geld quasi aufbewahrt und behütet und hat dann vor Ihrem ableben mit Ihren Kindern eine weise Entscheidung gefällt. Dass die Firma eine Stiftung wird, zumindest große Teile. Ihre Anteile, mehr als 50 Prozent. Und Stiftungskapital und (...) die Satzung sagt, dass die Firma nicht zu Verkauf steht, hauptsächlich in Deutschland produziert und eben Arbeitsplätze in Deutschland erhalten bleiben sollen, also kein Fremdkapital in der Firma (...). Also das ist für uns sehr angenehm, sehr komfortabel. Man weiß, wir sind jetzt nicht so ein Unternehmen, wie Siemens, nicht um es schlecht darzustellen, aber eine Aktiengesellschaft tickt anders, als ein privatgeführtes Unternehmen, was noch dazu Stiftungscharakter hat. Ist nochmal ganz anders. Ja und was wir hier machen, im Bereich dieser Fluidtechnik entwickeln wir hier Systeme mit hohem Anteil im Bereich Elektronik und Software. Und in allen möglichen Branchen, also hier wurde auch ein System entwickelt, da sind Sie sicher auch schon mit in Berührung gekommen (...) Zahnarztstühle. (...) Das Wasser, was in Ihren Mund kommt, muss erstmal aufbereitet werden, desinfiziert werden. Das geht durch so eine Einheit von XY, zum Beispiel. (...) XY ist viel irgendwo drin, steht aber wenig drauf irgendwo. #0:01:14.9#

I: Und jetzt würde ich mal so auf das Thema der Bachelorarbeit kommen und wollte eigentlich fragen, jetzt im Unternehmensumfeld hier oder von XY allgemein ist das Thema Inklusion, war das schon jemals ein Thema? So eine Einstellung von Menschen mit Behinderung? Jetzt haben Sie gerade schon erzählt von dem einen Mitarbeiter, der dann während des Lebens blind geworden ist und sind Sie sonst schon damit in Berührung gekommen in Ihrer Arbeit hier? #0:06:27.8#

B: Hier am Standort muss ich sagen relativ wenig. Wobei beim näheren Nachdenken ist es dann doch gar nicht so wenig. Wir sind ja nicht so viele (...) wir sind im letzten Jahr zwar relativ stark gewachsen, wir waren lange Jahre hier so um die 30 Mitarbeitern. Jetzt sind wir 60 Mitarbeiter hier am Standort. (...) Und wir haben (...) hier am Standort (...) keinen Schwerstbehinderten. (...) Es sei denn, na gut, ist die Frage, wie das eingestuft ist. Wir haben einen Mitarbeiter, der hat einen Arm nur. Der ist aber auch so eingestellt worden. Das ist bei der Armee irgendwie passiert #0:06:58.9# [Beeinflussung des Gesprächs durch I]

I: Okay das ist, es ist schwer zu sagen, mit Grad der Behinderung sagt man ja dann oder Grad der Schädigungsfolgen und das wird für jeden Menschen individuell eingestuft und (...) mit Ihm ein Arm, könnte fast schon fünfzig sein. Könnte aber auch sein, dass es dann nur 40 (...) oder dem Schwerstbehinderten gleichgestellt werden. Selbst wenn Sie jetzt "nur" 30 haben und dann fallen im Prinzip die gleichen Regeln und die gleichen Rechte für den Menschen an. Aber ja das ist interessant (...) aber ja das ist dann von Einzelfall zu Einzelfall immer verschieden. Aber ja der arbeitet hier?

B: Der arbeitet hier genau, der sitzt da drüben. Und ist im Global Marketing beschäftigt. War früher mal Entwickler, hat sich dann weiterentwickelt, ist jetzt auch viel unterwegs international und (...) ja macht einen super Job (...) also da gibt es gar nichts. Und dann haben wir noch einen Mitarbeiter (...) der ist (...) mehr oder weniger taub auf einem Ohr und da wurde auch einiges getan von der Telefontechnik, dass etwas angeschafft wurde. Dass er eben auch gut damit klarkommt. (...) Ich selbst durfte es auch ein Stück erleben, wie die Firma unterwegs ist. Ich hatte 2012, hatte ich (...) einen Tumor, bösartig und war dann für 5 Jahre 50 % vom Grad der Behinderung. Bis letztes Jahr und jetzt wieder eingestuft als offiziell geheilt. Und da konnte ich erfahren, wie gut die Firma da reagiert hat. Denn da denkt man, Leitungsposition für so einen Standort. (...) Das war's. Das lässt sich mit der Firma nicht vereinen. Da war aber nie die Rede davon, das war sehr gut gelöst. Auch das Team war super einfach, die Teamleiter, die das weitergeführt haben in der Zeit wo ich nicht da war. Ich war fast ein halbes Jahr nicht da durch die Bestrahlung und Reha und was da alles so dranhing. Und Wiedereingliederung, das ging. Also mein Chef in Ingelfingen der hat das unterstützt und die Kollegen hier. #0:10:21.1# [Unterbrechung des Befragten]

I: Ja super, ein gutes Unternehmensumfeld. #0:10:31.2# (...) Politische Entscheidungen waren ja jetzt man macht eine Ausgleichsabgabe. Nach der Arbeitsplatzanzahl sollen dann bestimmte Pflichtarbeitsplätze an Schwerstbehinderte Menschen gehen. Dann ist es so, dass Unternehmen, die das nicht erfüllen einen gewissen Betrag bezahlen oder abgeben müssen, wenn sie den Arbeitsplatz nicht besetzen. Ist das hier in dem Unternehmen der Fall oder würden Sie jetzt sagen, dass es eine effektive Maßnahme wäre. Also man bewegt sich da ja zwischen 100 bis 300 Euro. Hier haben wir eine Mitarbeiteranzahl von 60 Mitarbeiter, richtig? Dann wären das ungefähr 200 Euro pro Monat. Und jetzt haben Sie schon gesagt, es ist jemand hier, würden Sie das aber als effektive Maßnahme bewerten oder vom Geldgehalt her (...) Würden Sie da sagen 200 Euro, ja okay, besser als ein Gehalt zu zahlen (...)

B: Das Thema bestand bei uns noch gar nicht so. Erstmal wusste ich das gar nicht, gut da muss ich dazusagen, dass das Personal, da gibt es an dem Standort kein Team. Also wir haben ein Personalteam, Human Resources, in der Zentrale und da gibt es eine Personalreferentin, die ist für uns hier für den Standort verantwortlich. Kommt auch ab und zu mal her und dann telefonieren wir viel, viel auch über „web eggs", so Videokonferenz so (...) Und Sie wüsste das sicherlich, aber es war noch nie ein Thema. Vielleicht auch (...)

I: Ja nein, es ist ja schon eher ein Personalthema, weil ich meine, das ist ja jetzt nur eine Kostenfrage sag ich mal oder für das Personal oder die Besetzung der jeweiligen Stelle, aber eben darum geht es mir eben auch, um zu wissen, wer weiß überhaupt davon. Ich habe es vor der Beschäftigung mit dem Thema auch noch nicht gewusst.

B: Das ist interessant aber, wenn es so einen Betrag geben würde, würde doch aber auch die Leitung darüber Bescheiden wissen müssen, oder? (...) Na gut. Wahrscheinlich, entweder haben wir diese Quote, wo ich jetzt mal davon ausgehe (...)

I: Ja das könnte ich mir gut vorstellen, auch wenn Sie sagen, dass jemand mit Erblindung angestellt ist

B: Ach ja und dann ist noch in der Zentrale noch einer der sitzt im Rollstuhl. Da ist auch vieles schon umgebaut worden für ihn weiß ich.

I: Genau, Sie haben ja auch gute Werte im Unternehmen und da ist das ja auch (...) #0:13:49.7#

B: Ja wir haben ja auch viele Arbeitsplätze, wo das einfach auch (...) körperliche Behinderung kein Problem ist. Entwicklerarbeitsplätze sind Büroarbeitsplätze und mit Computer kann man (...) #0:14:03.9#

I: Viel machen #0:14:05.2#

B: Je nachdem was die Behinderung ist (...), viel machen. Das ist was anderes, wenn sie einen produzierenden Betrieb haben, der nur Arbeitsplätze hat, wo beide Hände zum Montieren gebraucht werden. Da wird es schwierig oder an Maschinen. Wir haben heir ein paar Maschinen, aber das ist verschwindend. Hauptsächlich ist hier Entwicklung und Disposition und Arbeitsplanung, das sind alles Büroarbeitsplätze. Da ist das einfacher. So ist das auch denke ich mal in Ingelfingen, in der Zentrale ist auch ein großer Anteil, wo eben solche auch gut einen Platz gefunden haben. Dazu kommt noch ein bisschen, dann werden Aufträge an Behindertenwerkstätten. Also alles was so (...) zum Beispiel (...) unsere alten Computer der werden nicht irgendwo auf den Müll geschmissen, sondern die werden in der Zentrale gesammelt, werden dann auseinandergenommen, in den Werkstätten. Das weiß ich zum Beispiel schon. Aber das sind noch mehrere Aufträge die so einfache Dinge (...) Und deswegen haben wir die Quote wahrscheinlich (...)

I: Das müsste, weil wenn man zum Beispiel eine gewisse Prozentzahl an Aufträgen an Behindertenwerkstätten gibt, das zählt auch darunter. Damit wir das schon erfüllt sein.

B: Aber unabhängig davon. Ich weiß nicht, ob ich es so als sinnvoll erachte, weil diese politische Steuerung, genau wie die Frauenquote für mich nicht besonders sinnvoll ist. Entweder (...) das passt und wird in der Kultur des Unternehmens akzeptiert oder nicht. Das ist eher eine Sache der Kultur, die man fördern sollte, aber diese Quoten (...) Ich glaube nicht, dass man das gut erreichen kann, die Quoten.

Das geht meistens nach hinten los. Und dann wird so ganz komisches Klima erzeugt und bei diesen Quoten könnte das ähnlich sein. #0:16:40.5#

B: Ja und was komisch ist, ich habe jetzt vor dem Gespräch überlegt, wann stand ich vor der Entscheidung in den letzten Jahren (...) jemand einstellen zu dürfen mit einer Behinderung. Da bin ich dazu gekommen, dass ich gar keinen Bewerber hatte. Also bei allen Stellen, die wir hier ausgeschrieben haben, war keine einzige Bewerbung dabei, wo jetzt jemand reingeschrieben hat, er ist behindert. Ich habe kein einziges Vorstellungsgespräch geführt, aber nicht nur das, keine Bewerbung bekommen. Da ist die Frage, warum ist das so. Warum ist das eigentlich so. #0:17:16.1#

I: Da kann ich jetzt auch noch keine Antwort. Das ist aber eine interessante Ansicht.

B: Vielleicht müsste man die Menschen auch ermutigen, sich wirklich mal zu bewerben.

(...) #0:18:18.2#

B: Gut, dass Sie es sagen. Wir hatten letzte Woche einen ganz aktuellen Fall. Wir haben letzte Woche ein Gespräch geführt, wir haben jährlich Mitarbeitergespräche mit jedem Mitarbeiter. Und da kam ein Mitarbeiter auf mich zu, da es sich schon angebahnt. Der ist bei uns ein Teamleiter. Er hat eine Vorgeschichte, eine OP vor vielen Jahr. Und er hat jetzt auch hier im Unternehmen schon zwei, drei Mal einen epileptischen Anfall bekommen. Lag dann am Boden und, erst wussten wir nicht Ohje was nun. Jetzt haben wir uns darauf eingestellt und wissen genau, auch unsere Ersthelfer, was tun wir in dem Fall, wenn das wieder passiert. Und das ist nicht so schlimm, der macht seine Arbeit und das kommt ganz selten vor. Und es ist aber jetzt so, dass er diesen Gleichstellungsantrag stellen wollte, auf 50 Prozent. 40 oder 50 ist noch in der Diskussion. #0:19:26.0#

I: Sehr gut, denn es ist ja doch einschränkend. #0:19:29.1#

B: Schon, gerade bei Dienstfahrten. Natürlich. Aber ansonsten, normale Arbeit. Also schlimm wäre es, wenn er deswegen zuhause sitzen bleiben müsste. Also das wäre Wahnsinn.

(...) #0:19:54.9#

I: Um jetzt nochmal auf das Unternehmen zurückzukommen, wie ist das hier: Trägt jeder Mitarbeiter viel Verantwortung für seinen Aufgabenbereich oder ist es besonders fachspezifisch oder sind für Ausbildungen möglich?

B: (...) Also generell bei uns wird die Verantwortung für jeden einzelnen Mitarbeiter sehr hoch gelegt, für jeden einzelnen Mitarbeiter. Wir sind ein Unternehmen mit relativ flachen Hierarchien, es gibt keine typische Berichtsstruktur. Das macht das Ganze langsam und ist bei uns eher anders. Ansonsten gibt es natürlich auch von der Größe der Verantwortung verschiedene Ebenen und wir haben zum Beispiel Mechatroniker, die wir selbst ausgebildet haben. Die arbeiten bei uns im Serienanbau, in der Prototypenmontage. Wir haben übrigens fast ausschließlich gelernte Leute, also keine ungelernten. Da wird auch die Verantwortung gefördert. Das hat auch dazu geführt, dass viele dann auch Lust bekommen ein bisschen weiterzumachen. Die haben dann Technikerschule drangehangen, sich weiterentwickelt, haben auch so Techniker eingestellt. Dann haben wir halt viele Ingenieure und Techniker im Entwicklungsbereich. Und Teamleiter (...) also das Verantwortungsspektrum ist relativ (...) #0:21:42.8#

I: breit

B: Ja genau, breit.

I: Denken Sie, dass zum Beispiel eine Ausbildung auch eine Option wäre, um einen Mensch mit Behinderung in das Unternehmen zu bekommen? Sie haben ja schon gesagt, dass die Initiative vorher auch einfach nicht da war. Aber wenn es sich ergeben würde, würden Sie dann sagen, dass es eine Option wäre? Jemand von Anfang an auszubilden und dann zu übernehmen?

B: Ja, warum nicht. Es kommt immer ein Stückchen darauf an, welche Art von Behinderung, welche Tätigkeit man ausführen kann. Wenn es geht, warum nicht. Alles was mit technischen Hilfsmitteln machbar ist bei uns (...) geht, ist bei uns kein Problem. Und da ist die finanzielle Basis so da, dass man da nicht irgendwie denkt, man muss jetzt sparen an irgendwelchem Equipment, sei es jetzt höhenverstellbare Schreibtische oder sowas, oder Headsets oder was auch immer. #0:22:56.7#

I: Oder vielleicht eine Art Praktikum zu machen, um zu sehen wer geeignet ist und wie das passt, (...) geistige Entwicklung zurück. Mehr Menschen im Lebenslauf erkranken, mehr auf die beziehen und sie integrieren. #0:23:41.1#

B: Genau, ermutigen und sollten sich trauen sich zu bewerben. Und nicht denken wir haben keine Chance. Diese müsste man mehr ermutigen glaube ich. Wie ist die Frage #0:23:52.5#

I: Grundlegende Entscheidungen, was Personalentscheidungen betrifft, wird eher am Hauptstandort entschieden oder wie kann ich mir das vorstellen? #0:24:17.7#

B: Also beraten, die Entscheidungen fällen wir gemeinsam, die Personalreferentin plus ich oder der jeweilige Teamleiter hier. Also das ist nicht so, dass ich jede Personalentscheidung hier fälle. Die Budgetplanung, die dann abgestimmt wird mit unserem Board, Geschäftsleitungsebene in Ingelfingen und wenn dann feststeht, wir stellen in diesem Jahr x Leute ein und einer ist zum Beispiel im Team von Herr X, der für die Montage verantwortlich ist. Er kümmert sich dann mit der Personalreferentin direkt darum jemand zu finden, Stellenausschreibungen zu machen und die entscheiden dann beide. Wenn Sie sich nicht einig werden, was noch nicht vorgekommen ist (Lachen), fragen sie mich vielleicht nochmal, aber so läuft das eigentlich. #0:25:20.3#

I: "Diversity Management" wird in Unternehmen eingeführt, um die Vielfalt der Mitarbeiter zu betonen. Gibt es sowas bei Ihnen an sich schon oder würden Sie eher sagen, dass kommt bei Ihnen von der Unternehmenskultur? #0:25:42.7#

B: Das habe ich noch nicht gehört. Das Wiedereingliederungsmanagement war ein großes Thema, ein sehr großes Thema, die letzten zwei, drei Jahre. Da ist einiges passiert. Dann wo jetzt viel passiert ist, psychische Gefährdungsbeurteilung. Das ist jetzt überall bei Unternehmen gerade aktiv und ist auch viel in der Presse. Das sind so die großen Baustellen im Personalbereich. (...) Und noch Nachwuchsförderung und Hochschulmarketing. Aber Diversity habe ich noch nicht gehört hier bei uns, so als Schlagwort.

B: Wir haben solche Unternehmens- und Führungsleitlinien im Unternehmen hängen. Die hängen überall aus, dann sind solche Dinge, unabhängig von Geschlecht "blablabla". Verstöße gegen Code of Conduct haben schon einmal dazu geführt, dass sogar Board Mitglieder von heute auf morgen gefeuert wurden. Also es ist nicht nur so, dass irgendetwas aushängt und man sagt, man schreibt da mal etwas hin, sondern das ist dann schon konsequent.

I: Ausbildungstage in der Festhalle. Ist Ihr Unternehmen dort mit vertreten? #0:28:18.2#

B: Ab und zu waren wir mal ja. Aber wir festgestellt, dass das für uns nicht so nötig und ergiebig ist. Es ist relativ hoher Aufwand und wir bilden jetzt auch nicht massenweise aus. Wir haben so alle zwei, drei Jahre, bilden wir mal zwei Mechatroniker aus. So in den letzten 10 Jahren hat sich das rauskristallisiert, dass das ein guter Zyklus ist. Wir wollen nicht einen alleine ausbilden, der ist dann so allein und Berufsschule und Durchlauf durch das Unternehmen. Da ist es mit zweien schon immer besser. Deswegen lieber ein Jahr aussetzen. #0:29:09.7#

I: (...) Abschluss des Interviews, noch Fragen?

B: Nein, aber was interessant ist: Wie motiviert man die Leute sich zu bewerben? Die Fälle, die mir so bekannt sind, sind Menschen, die in ihrem Leben eine Behinderung erworben haben. Außer der Mitarbeiter mit einem Arm. Aber der war schon immer fest im Leben, aber es ist ja nicht jeder so.

Quelle: Eigene Darstellung

Anlage 12: Transkription Unternehmen 2

[vor Interview: Interviewte kommt aus dem juristischem Bereich, jetzt Personalleiterin des Unternehmens]

B: Im Sinne des Wachstumes, wir sind 2008 45 Mann gewesen und jetzt sind wir um die 70. Ich habe mich immer mehr mit den Personalsachen beschäftigt und bin da so reingerutscht. #0:00:14.3#

I: Zu Anfang wollte ich fragen, ob Sie mir einen kleinen Einblick in die Firma geben können, was Sie genau machen und wie ein Arbeitsalltag von Ihren Mitarbeitern aussieht? #0:00:42.1#

B: Also wir sind im Prinzip ein Komplettanbieter im Gesundheitswesen, der nicht nur eine Strecke bedient, sondern viele Strecken. Das heißt wir vereinen unter unserem Dach mehrere Abteilungen, wie die Orthopädietechnik, Orthopädieschuhtechnik, Reha-Technik, die Podologie, Sprechstundenbedarf und Vertrieb, medizinische Produkte, also eine breite Palette. Sind auch historisch gesehen gewachsen aus zwei Einzelunternehmen. [...] Die beiden Einzelunternehmen haben lange Zeit nebeneinander gearbeitet, sind 2008 fusioniert zur XY GmbH. Da waren wir 45 Mann und dann hat sich durch diese Fusionierung das Portfolio noch einmal deutlich erhöht, weil uns die Kassen dann als, und auch die Verordner, als Komplettanbieter wahrgenommen haben. Wir haben dann nicht nur den Handel und das Handwerk nebeneinander gehabt, sondern wir haben beides vereint und konnten aus einer Hand viel mehr machen. Dementsprechend sind alle Abteilungen massiv gewachsen und dieses Jahr geht es in der Reha-Technik sehr massiv voran. Das ist unseres zuletzt eröffnete Abteilung und die fängt jetzt an stärker zu wachsen. #0:02:08.9#

I: Ich hatte in der Zeitung gelesen, dass Sie schon einmal Spenden z.B. an das Epilepsiezentrum in Kleinwachau gegeben haben. Und wie ist diese Initiative entstanden? #0:02:24.4#

B: Das ist im Prinzip entstanden, weil wir eine Podologin haben, die sich dort mal vorgestellt hat. Dort sind die Epileptiker vielfach auch im Heim oder in der Dauerbetreuung untergebracht und das war sozusagen unser Erstkontakt. Dann hat Sie sich verpflichtet das dort zu übernehmen und so sind wir dort reingewachsen. Dann hat sich der Kontakt intensiviert durch Einzelversorgung, Rollstühle oder (uvs.). Daraus hat sich eine so intensive Partnerschaft entwickelt. Wir hatten jetzt im September 25-jähriges Betriebsjubiläum und vor fünf Jahren dementsprechend das 20-Jährige und da kommen immer viele Lieferanten aus der Industrie, viele Verordner und Kunden. Und der Gedanke oder der Auslöser der Spende ist eigentlich gewesen, wir brauchen jetzt nicht 200 Blumensträuße und 400 Weinflaschen, sondern es wäre schön, wenn wir damit ein Projekt unterstützen, was Sinn macht und in der Epilepsie ist es so, dass die Leute nur ein absolutes Mindesteinkommen haben und eigentlich gar nichts machen können und die Spenden, die wir da gesammelt haben, sind immer zu dem Zweck, dass die Bewohner der Heime immer mal so kleine Tagesausflüge machen können. Und da sind mit 3.000 oder 5.000 Euro viele Menschen glücklich gemacht. Die machen keine Weltreisen, mal einen Ausflug in den Spreewald oder an die Elbe und solche Geschichten. Macht Sinn. #0:04:06.8#

I: Und das ist sozusagen durch eine Mitarbeiterin von Ihnen entstanden?

B: Im Prinzip kann man das so sagen. Der Kontakt ist dann durch die Podologie intensiviert worden. Die Geschäftsführer treffen sich natürlich auf diversen Veranstaltungen und dann lernt man sich mal kennen, kommt ins Gespräch, schaut wo könnte man miteinander arbeiten und dann stellen sich die Mitarbeiter vor. Dann kommt schon was zustande. Ist natürlich auch regional, für uns auch wichtig, dass es in der Nähe ist und nicht ganz weit weg, wo wir keinen Bezug haben. Wir sind ja auch ein mittelständisches Unternehmen. #0:04:45.1#

I: Von der Politik wurde dahingehend unterstützt, dass das Teilhabegesetz eingeführt wurde, Menschen mit Behinderung sollen in allen Lebensbereichen gleichberechtigt sein und die Ausgleichsabgabe wurde eingeführt, dass man sagt, Unternehmen die schwerstbehinderte Menschen einstellen, sollen dafür auch eine Art Entlohnung bekommen und Unternehmen, die das nicht machen, müssen mehr zahlen. Wie ist Ihre Erfahrung damit oder haben Sie dazu eine Meinung, ob Sie das eher positiv oder negativ bewerten? #0:05:34.3#

B: Also ich finde das grundsätzlich eine sinnvolle Regelung, weil ich das ganz genauso sehe, natürlich in der Abhängigkeit von der Behinderung muss es Sinn machen. Es muss für den Behinderten sozusagen möglich seine Arbeit auszuführen und sich einzubringen und für das Unternehmen muss es natürlich genauso sinnvoll sein, eine Stelle bereit zu stellen. Es sind normale Leute aus unserer Gesellschaft, es kann jeden von uns passieren, dass sind nicht nur von Geburt angeborene Behinderungen, sondern erworbene Behinderungen durch Unfälle, irgendwas was jedem von uns passieren kann. Und natürlich will man dann nicht zuhause rumsitzen und sich zu Tode langweilen, sondern einfach wieder in sein Leben zurück und seine Arbeit ausführen, sofern wie möglich und eine Aufgabe haben. #0:06:19.1#

I: Und sind hier im Unternehmen und an den Standorten Menschen mit Behinderung eingestellt? #0:06:26.5#

B: Ja wir haben sogar ziemlich viel. (...) [Personalbogen vorbereitet bzw. zum Interview mitgebracht] Elf Kollegen mit einem schwerbehinderten Ausweis im Unternehmen beschäftigt. #0:07:12.6#

I: Und in welchen Bereichen arbeiten diese oder ist das ganz unterschiedlich? #0:07:18.1#

B: Ja, das ist ganz unterschiedlich. Wir haben acht in der Orthopädieschuhtechnik, weil das eben ein Beruf ist, immer in Abhängigkeit von der Behinderung, dort können eben auch viele Menschen mit einer körperlichen Behinderung oder Einschränkung arbeiten, weil die dort einen sehr wechselnden Arbeitsplatz haben zwischen sitzen, stehen, Sachen holen. Das ist durch die Vielfalt für die Leute angenehm, nicht in so einer Zwangshaltung zu verharren. Dann haben wir im Sanitätshausbereich zwei Mitarbeiter mit einer Einschränkung und (...) im Innendienst. Wahrscheinlich ganz klassisch. Aber die Meisten tatsächlich in der Schuhtechnik. #0:08:05.6#

I: Und werden diese dann normal über das Arbeitsamt vermittelt oder sind das auch Initiativbewerbungen? #0:08:18.0#

B: Das ist ganz unterschiedlich. Wir sind bekannt, aufgrund der Tatsache, dass wir aus dem Gesundheitswesen kommen. Und im Prinzip Produkte für Leute mit Behinderung herstellen und sind da völlig offen und haben da überhaupt keine Berührungsängste. Also von der Prothese bis zu schwerstbehinderten Kindern, die auch niemals einer Tätigkeit nachkommen können, gibt es da eine breite Palette. Das ist unser tägliches Brot und da haben wir keine Berührungsängste. Wir haben Azubis gehabt, die schon eine Behinderung mitgebracht haben, wir haben Initiativbewerbungen gehabt, Vermittlungen gehabt, die ganze Palette. Da sind Kollegen dabei, die sich erst eine Behinderung erworben haben, also alles Querbeet. #0:08:59.3#

I: Gibt es oder gab es besondere Maßnahmen, dass sich Mitarbeiter mit und ohne Behinderung verstehen? Gab es gewisse Probleme?

B: Also das ist tatsächlich, zwischen den Kollegen gibt es keine Probleme. Da gibt es keine Berührungsängste und keine Vorbehalte. Wir hatten eher Probleme die Arbeitsplätze passend zu machen. Wo es einen erhöhten Aufwandes Bedarf, um das passend zu machen. #0:10:03.3#

I: Würden Sie sagen, haben Sie da viel Unterstützung bekommen oder würden Sie sagen, da gibt es eher noch Hindernisse? #0:10:10.7#

B: Also aus meiner Sicht, sind wir dort sehr zurückhaltend uns dort Hilfe zu holen, weil wir natürlich aus der Branche kommen und alles selber machen können. Also wir bauen die Rampen passend, haben sowieso überall Rampen dran, weil wir das natürlich auch für unsere Kundschaft brauchen. Wir haben Treppenlifte im Portfolio. Wir bauen Werkbänke, Schreibtische, Stühle passend, vertreiben die auch alle selber. Insofern haben wir eher das Phänomen, dass wir das schon alles passend machen und das schon hausintern passend gemacht haben und dann haben wir uns Hilfe im Sinne von finanzieller Art geholt. Also einen Zuschuss geholt oder was es da so an Möglichkeiten gibt. Umbau für einen Schreibtisch genehmigen und bezahlen lassen, solche Geschichten. #0:11:08.7#

I: Und diese geldlichen Geschichten waren die relativ einfach Handzuhaben oder würden Sie eher sagen, das ist schwierig? #0:11:22.4#

B: Also die Mitarbeiter, die das betroffen hat, waren dann immer selber aktiv, wenn es um den Umbau von Schreibtischen ging oder (uvs.). Und wenn das einmal lief, dann ist natürlich wahnsinnig viel Papierkram auszufüllen. Das ist schon anstrengend, aber das würde ich jetzt nicht nur in dem Bereich so empfinden, sondern es ist ja allgemein so, dass man endlos beschäftigt ist. Aber im Prinzip ist Unterstützung da und die Leute sind auch bemüht die Kollegen da einzugliedern. Also ich habe da keine negative Erfahrung gemacht. #0:12:04.6#

I: Sie haben vorhin gesagt, dass zum Beispiel auch schon Azubis bei Ihnen waren, also für Ausbildung und Praktika sind Sie sozusagen offen, habe ich das richtig verstanden? #0:12:21.0#

B: Ja, genau.

I: Und in welchen Bereichen ist dann die Ausbildung?

B: Also wir haben jetzt in dem Fall speziell einen Orthopädietechniker. Das ist ein schwerer Autist, der viel Sonderzuwendung braucht und der lernt Orthopädietechniker in der Werkstatt in Dresden und in der Schuhtechnik haben wir jetzt gerade keinen Azubi, auf den das zutrifft. Aber dort sind natürlich auch viele Bewerber von Vornherein von Leuten, die selber schon ein Handicap haben und selber schon Erfahrung haben. Die kennen den Beruf, die wissen natürlich, wer bringt mir meine Produkte, mit wem habe ich da zu tun und wir haben sowieso das Problem eigentlich relativ unbekannt sind. Und wer dort schon als Kind im Sanitätshaus oder selber Bedarf hat, der ist schon informiert und interessiert sich dann dafür. Da sind wir natürlich offen. #0:13:22.3#

I: Und bilden Sie dann sozusagen selber aus. Also es ist nicht so, dass diese dann von der Werkstatt kommen?

B: Nein genau, wir bilden in Großröhrsdorf aus, in Pulsnitz, in Dresden, eigentlich in allen Bereichen. #0:13:42.5#

I: Und von Einstellungen her von Menschen mit Behinderung. Übernehmen Sie das als Personalleiterin oder gehört die Geschäftsführung dort mit dazu oder inwiefern betrifft das die verschiedenen Bereiche im Unternehmen? #0:13:59.8#

B: Also, wenn es um Einstellungen geht ist es so, bei der Bewerbung schaue ich mir die Bewerbung immer mit dem zuständigen Abteilungsleiter an. Also die Vorauswahl wird von mir sozusagen getroffen, weil man sich nicht alle anschauen kann und die, die in Frage kommen, schauen wir uns dann gemeinsam mit der Abteilungsleitung an und entscheiden uns dann. Und unsere Geschäftsführung hat vorher natürlich vorher die Stelle freigegeben ohne diese auf Behinderung oder Nicht-Behinderung zu begrenzen. Wir haben natürlich das Stellenprofil, was muss derjenige leisten und daraus ergibt sich auch die fachliche und die persönliche Eignung. Und dies ist erstmal unabhängig davon, ob jemand einen Schwerbehindertenausweis zückt oder nicht. Das ergibt sich dann meistens im Gespräch oder wenn man natürlich die Anforderungen der Stelle bespricht. Dann muss ja klar, was dort erforderlich ist. Manches ist gut geeignet für einen Menschen mit Behinderung, manches nicht. Auch das ist immer eine Frage, um was handelt es sich. #0:15:01.3#

I: Und das ist dann nehme ich an schon so, dass die Leute geistig eher fit sind.

B: Genau, wir haben jetzt tatsächlich Keinen mit einer geistigen Behinderung, weil (...) (uvs.) die Arbeit dann einfach nicht funktionieren könnte. Das können wir leider nicht leisten, weil da sind einfach zu viele Schritte zu leisten, weil wir gegenüber den Krankenkassen natürlich nacheispflichtig sind. Und das würde bei uns nicht funktionieren. #0:15:30.4#

I: Inwiefern jetzt nachweispflichtig? #0:15:31.9#

B: Also wir sind ja sozusagen verantwortlich dafür, für alles was wir einkaufen und verkaufen, nachzuweisen, vom Eingang der Platte aus, der etwas geschnitten wird, bis hin zum Endprodukt, müssen wir nachweisen, wer alles daran gearbeitet hat, wer das Produkt gekauft hat. Ein lückenloser Nachweis vom Einkauf bis zum Patienten. Es muss irgendwo eine Nummer sein auf dem Produkt und dem Lieferschein (...) (uvs.) Das ist schon anspruchsvoll und das muss (Betonung) stimmen. Und bei Maßanfertigungen genauso. Da kommen dann noch zusätzliche Sachen, wie die hygienischen Geschichten und die Gesundheitsanforderungen, bei den Medizinprodukten. #0:16:30.7#

I: Die Mitarbeiter, die bei Ihnen eine Behinderung haben, wie schwer ist dann die Behinderung oder welche Art von Behinderung liegt vor und wann wurde die Behinderung erworben bzw. ist diese angeboren? #0:17:07.9#

B: Also im Bereich der Schuhtechnik haben wir eine bunte Mischung. Da hatten wir vorheriges Jahr noch einen Prothesenträger, der hat jetzt das Unternehmen gewechselt. Also die bekommen dann eine Arbeitsprothese und so jemand wäre bei uns in allen Bereichen denkbar. Außer vielleicht in der Reha-Technik, denn die müssen dort schwere Pflegebetten ausliefern und das würde ich jetzt jemand mit so einer Einschränkung nicht empfehlen. Einfach weil der Verschleiß für jemand der schon vorbelastet ist, dann zu groß ist. Der würde sich dann keinen Gefallen tun. Aber Prothesenträger könnte bei uns überall arbeiten. Wir haben hier einen Kollegen, der hat eine Einschränkung aufgrund einer organischen Schädigung, Rheuma, Epilepsie, Krebs. Also eine bunte Mischung. Von erworben und mitgebracht. Ein Diabetiker, der 80 Prozent schwerbehindert ist. Spasmus, wie ein sehr verkümmertes Bein und braucht ganz massive orthopädische Schuhe. Das haben wir vier Mal. Und dann sind noch zwei Kolleginnen. Die Eine hat im Auge eine Schwerbehinderung, die kann fast gar nichts sehen. Und die Andere hat Magen-Darm-Defekt, also es ist querbeet eine bunte Mischung. (...) Man kann das im Vorfeld vielleicht auch gar nicht von etwas abhängig machen, weil jeder Mensch anders mit seiner Behinderung umgeht und wenn die damit sozusagen unbelastet umgehen oder sagen ich will trotzdem, selbst wenn sie es durch einen Unfall erworben haben, das gut verarbeitet haben und für sich angenommen haben, lässt sich das immer passend machen. #0:19:24.2#

I: Und Sie müssen diese Berichte, die Sie vor sich liegen haben, einmal pro Jahr abgeben? #0:19:34.3#

B: Genau, das geht um die Schwerbehindertenabgabe hier. Das ist immer bis zum 31.03. des Folgejahres abzugeben für das Vorjahr und daran bemisst sich im Prinzip, ob man eine Abgabe zahlen muss oder nicht. Und das ist immer in Abhängigkeit von der Personalquote und wir sind da bisher immer befreit gewesen. #0:20:00.2#

I: Und das gab es jetzt seit zwei Jahren?

B: Das gibt es schon länger. Das mache ich eigentlich schon seit 2008. In dem Moment als wir über die 30 Mitarbeiter gekommen sind. Unter 20 spielt das keine Rolle. #0:20:30.3#

[...] Erklärung des Bachelorarbeitsthemas

B: Behinderteneinrichtung XY ist einfach führend, weil man mit den Leuten dort gut in Kontakt kommt und es einfach gut funktioniert.

Quelle: Eigene Darstellung

Anlage 13: Transkription Unternehmen 3

I: Wie ist die Inklusionsfirma entstanden und wie kann man sich den Arbeitsalltag vorstellen? #0:00:38.6#

B: Da muss ich natürlich dazusagen, dass das vor meiner Zeit war. Die Inklusionsfirma besteht schon ein paar Jahre. Es ist einfach durch die Initiative gekommen, dass der Geschäftsführer gesagt hat: Wir müssen Möglichkeiten schaffen, Menschen mit Behinderung auch anders als in der Werkstatt zu beschäftigen. Seit 20 bis 25 Jahren gibt es das Modell der Inklusionsfirma, was sich vor allem bewährt, wenn man es in einem Konzernverbund eintakten kann, weil man dort die Möglichkeit hat, dass zum Einen gut zu steuern und zum Anderen für die ersten Aufträge sorgen kann. Das ist das anfängliche Problem jeder Firmengründung, man muss Aufträge generieren, weil die Inklusionsfirma im Grunde genommen ohne Zuschüsse arbeitet. Es gibt ein paar Unterstützungen durch den KSV, durch das Integrationsamt, aber im Grunde genommen, ist eine Inklusionsfirma Marktteilnehmer, wie jedes andere Unternehmen auch. Und wir müssen uns genauso messen mit allen anderen. Das heißt es werden manchmal Sachen ausgeschrieben, auf die wir uns auch intern bewerben können, wo aber dann die Entscheidungsträger gucken, sind andere vielleicht billiger. Im Grunde genommen ist XY eine Dienstleistungsfirma und war zuerst einmal für den Konzern hier gegründet, um Dienstleistungen, die von anderen Firmen erbracht wurden, von denen abzulösen und selber zu agieren. Das ging also los mit Transportdienstleistungen, es folgten dann Reinigungs- und Hauswirtschaftsdienstleistungen. Also alle Häuser, die hier in im Konzernverbund sind [...], auch betreutes Wohnen in Radeberg, alles was dort sauber gemacht wird, wird mittlerweile durch die Inklusionsfirma gemacht. [...] Und so hat sich das mit der Zeit entwickelt, dass die Inklusionsfirma sozusagen erstmal von der Mutter eine ganze Reihe von Aufträgen bekommen hat und mit der Zeit natürlich auch über den Tellerrand geguckt hat und wir mittlerweile, ich würde mal schätzen, 30 Prozent der Aufträge von extern holen. Das Wichtige ist einfach zu gucken, wie kann man, mit welchem Ziel kann man eine Firma betreiben, wo man Menschen mit Behinderung beschäftigen kann. Und da sind zumindest in Sachsen die Inklusionsfirmen alle ähnlich aufgestellt. Die tummeln sich alle hauptsächlich im Dienstleistungsbereich. Es gibt ein paar Ausreißer, die etwas exotische Sachen machen. Die Kollegen im Erzgebirge, die betreiben zum Beispiel ein Fitnessstudio als Inklusionsfirma. Es gibt in Senftenberg, gab es eine Firma, die haben eine Pilzzucht gemacht. Aber der Hauptteil der Inklusionsfirmen macht Hausmeisterdienstleistungen, Küchen-Catering-Geschichten, Reinigung, Hauswirtschaft. Das Problem ist, dass Sie natürlich ein Geschäftsmodell haben müssen, wo Sie dann auch Menschen mit Behinderung beschäftigen kann. Man könnte natürlich auch ein medizinisches Labor als Inklusionsfirma machen, aber da brauchte man natürlich dann Menschen mit Behinderung, die Chemiker sind, die aus dieser Richtung kommen. Währenddem man sagt, man beschäftigt sich mit Garten- und Landschaftspflege oder eben mit Reinigung-Hauswirtschaft, das sind alles Sachen, die angelernt werden können. Wo eben auch ein Mensch der eine Behinderung hat, der angenommen eine Vorgeschichte hat und dort einen Beruf als (...) Konstrukteur, der ist natürlich leichter in Sachen anlernbar, die vielfältig sind. Es gehört eine Portion Mut dazu, aber das Wichtige ist, dass man klar sagt, man will Arbeit schaffen für Menschen mit Behinderung und da kommt natürlich wieder das System eines Konzernverbundes gut zum Tragen. Weil wir natürlich, wenn man eine Werkstatt für behinderte Menschen betreibt auch wieder gucken muss, wie kann man Leute, die sich entwickeln, die zwar in einer Werkstatt arbeiten, die vielleicht auch Außenarbeitsplätze innehaben, wie kann man Leute, die sich über kurzen oder längeren Zeitraum gut entwickeln den Sprung auf den Arbeitsmarkt ermöglichen. Und das ist natürlich mit der Nähe zwischen Werkstatt und Inklusionsfirma ganz gut möglich, weil man natürlich gucken kann, der Klient in der Werkstatt, der ist eigentlich mittlerweile zu gut, den kann man mal in ein Praktikum schicken. Der kann sich einfach mal ausprobieren und wenn das funktioniert, wenn der seine Leistung erbringt, hier in der Inklusionsfirma natürlich erbringen muss, dann kann man einen Übergang wagen. Das ist das Ziel. #0:07:40.9#

I: Und es ist dann so, dass Sie eher intern Leute einstellen oder bewerben sich auch Leute von außen?

B: Es ist so, dass 95 Prozent der Menschen mit Behinderung von außen, extern kommen. Dass die vermittelt werden von den Arbeitsagenturen, über die Jobcenter (...). Die Übergänge aus der Werkstatt in die Inklusionsfirma sind natürlich sehr gewünscht, weil man den Zustrom in die Werkstätten eindämmen will, aber das sind nach wie vor eher die Ausnahmen. Dass es jemand schafft aus der Werkstatt heraus so einen Job zu machen, mit Unterstützung, aber so einen Job zu machen, dass er einen 4, oder 6, oder 8 Stunden Arbeitstag bewältigt. #0:08:38.0#

I: Und wie läuft das dann ab mit der Betreuung?

B: Grundsätzlich gibt es in der Inklusionsfirma keine Betreuung. Wir haben Mitarbeiter, die ein Stück weit diese Betreuung übernehmen, die dafür auch Geld vom Integrationsamt bekommen, dass sie eben Unterstützungsleistungen erbringen, die Behinderungsbedingt auftreten. Zum Beispiel haben wir einen gehörlosen Maler. Der Maler macht seine Arbeit, braucht aber natürlich Unterstützung, weil er im Gegensatz zu einem Maler, der gut hört, kann er zum Beispiel nicht mit dem Farbengroßhandel sprechen und dort anrufen. Das muss dann jemand anders für ihn machen. Es muss jemand sein der auch, wo man die Kommunikation zwischen dem Maler und dem Auftraggeber vornimmt. Aber es gibt jetzt in der Inklusionsfirma keine sozialpädagogische Begleitung. Wir haben einen kleinen Vertrag sozusagen konzernübergreifend, dass wenn mal jemand in eine Notsituation kommt, jemand von der Werkstatt sozialpädagogisch Unterstützung geben kann. Aber das ist jetzt nicht, dass jeden Tag jemand guckt. Das muss gewährleistet sein, dass jemand so fit ist, dass er seine Arbeit entweder alleine oder in einem Team leisten kann. #0:10:48.0#

I: Und wie kommunizieren jetzt zum Beispiel die Maler miteinander?

B: Ich habe für mehrere Kollegen beim Landesgehörlosenverband in Zwickau angefragt, ob es Möglichkeiten gibt, jetzt mal abgesehen vom Gebärdendolmetscherberuf, ein Training zu bekommen, wo Grundlagen vermittelt werden. Das haben die gemacht in einem Kollegenseminar, wo Leute in ein-zwei-Tagesschulungen qualifiziert werden, grundlegende Sachen mit einem Gehörlosen zu kommunizieren. Ansonsten geht es natürlich über Stift und Zettel. Es geht über WhatsApp. Da gibt es viele Hilfsmöglichkeiten. Für diese Hilfsmöglichkeiten gibt es wiederum

Förderungen beim Integrationsamt. Wir haben zum Beispiel auch einen Transportmitarbeiter, der nur einen Arm hat. Das klingt erstmal total verrückt, aber das funktioniert, weil das Auto was der fährt, umgebaut wurde mit Mitteln des Integrationsamtes. Wir haben also gesagt, wir kaufen das Auto für den, wir machen den Umbau so, dass er mit seinem Arm und Prothese das Autofahren kann und seinen Job erledigen kann. Und da beteiligt sich das Integrationsamts zu einem relativen Betrag an der Ausstattung des Arbeitsplatzes. #0:12:48.7#

I: Die Zusammenarbeit zwischen Mitarbeitern mit und ohne Behinderung, hat diese von Anfang an geklappt oder sagen Sie da muss man schon irgendwo sensibilisieren oder ähnliches?

B: Ich glaube die (...) interne Kommunikation, im Unternehmen zwischen Menschen mit und ohne Behinderung, die klappt genauso gut, genauso schlecht, wie in jedem anderen Unternehmen auch. Es gibt immer freundliche und weniger freundliche Menschen, egal ob die eine Behinderung haben oder nicht. In der Regel soll es so sein, dass die Behinderung keine Rolle spielt. Also auch in der externen Kommunikation sagen wir nicht: Bitte geben Sie uns den Auftrag, weil wir Menschen mit Behinderung beschäftigen, weil an erster Stelle die Qualität steht. Und wie die erbracht wird, das ist dann unsere Sache. Aber die Qualität steht an erster Stelle und erst danach kommt dann das ganze Thema Inklusion. #0:14:08.0#

I: Und ist es so, dass Sie Dienstleistungen in Privathaushalten erbringen oder eher zwischen Firmen?

B: Sowohl als auch. Wir haben durchaus Firmen, wo wir Dienstleistungen erbringen, zum Beispiel im Garten- und Landwirtschaftsbereich, da sind Firmen, die haben große Außenanlagen. Aber es gibt zunehmend auch private Leute, die Dienstleistungen nachfragen. Zum Beispiel gerade im Reinigungsbereich, sind auch gerade in Radeberg herum. Sind doch einige die ihre Wohnungen, ihr Haus reinigen lassen. Und das übernehmen wir auch mit. Wir haben vor anderthalb Jahren (...), haben wir unsere Homepage neu bestellt und das ganze Layout neu gemacht. Haben eine sehr freche Werbekampagne gemacht [Holt Werbeflyer]. Und dieser Marken Relaunch hat uns natürlich einen großen Schwung an Kunden gebracht. Die Autos sind großflächig beklebt. Hier haben wir zum Beispiel eine Kollegin, die ist eine Übergängerin aus der Werkstatt. Die hat lange Jahre hier in der Werkstatt gearbeitet und wurde dort so trainiert, dass wir irgendwann gesagt haben: "Mensch du kannst doch mehr als hier in der Werkstatt zu sitzen, du kannst auch dein eigenes Geld verdienen." Und das ist natürlich auch für die Leute aus der Werkstatt ein großer Anreiz, wenn man dann nicht mehr nur mit Taschengeld auskommt, sondern wenn man dann am Ende des Monats sein eigenes Geld verdient. Und das ist nun wiederum eine Sache, wir zahlen Mindestlohn, müssen wir ja. Mindestens Mindestlohn. In manchen Bereichen auch mehr. Naja, wenn man das dann mal hochrechnet und mal sagt, 9,50 Euro mal 30 Stunden mal vier Wochen. Da kommt schon deutlich mehr raus, als was man hier in der Werkstatt erzielt. #0:16:53.7#

I: Es gab in den letzten Jahren auch politische Instrumente, um Inklusion voranzubringen, wie die Ausgleichsabgabe und den Teilhabebericht. Wie schätzen Sie diese Auswirkungen ein? Was ist Ihre Meinung dazu?

B: Man kann jetzt nicht ganz klar: Wir haben einen großen Vorteil oder die haben einen großen Vorteil. Die Werkstätten haben natürlich den Vorteil, dass die Leistungen, die eine Werkstatt erbringt gegenüber einem Auftraggeber, dass der Auftraggeber sich dort einen Anteil der Arbeitsleistungen anrechnen lassen kann auf seine Ausgleichsabgabe. Diesen Bonus hat eine Inklusionsfirma nicht. Die Inklusionsfirma hat dafür den Bonus, dass sie nur 7 Prozent Umsatzsteuer in Rechnung stellt. Sodass man, gerade wenn man mit Endverbrauchern zusammenarbeitet, dass man dort Unterschied machen kann. Es ist ja schon ein Unterschied, ob man auf 1.000 Euro sieben Prozent oder 19 Prozent aufschlägt. Ansonsten denke ich, dass viele Unternehmer scheu haben, Menschen mit Behinderung einzustellen, weil die immer im Gedanken haben: "Oh Gott, wenn ich jemand mit einem Schwerbehindertenausweis einstelle, dann bekomme ich den nie wieder los." Das ist ja so die generelle Angst, dass die Leute häufiger ausfallen. Dass die nicht nur häufiger, sondern auch von der Dauer häufiger ausfallen und einem besonderen Kündigungsschutz unterliegen. Das Letztere stimmt mit dem besonderen Kündigungsschutz, den gibt es. Aber ich habe selber schon Kündigungen aussprechen müssen. Das Integrationsamt, also was für den Kündigungsschutz der schwerbehinderten Menschen verantwortlich ist, weiß natürlich ganz, wo es darum geht vielleicht jemand loszuwerden oder wo es darum geht, dass jemand wirklich Verfehlungen begangen hat, die jede weitere Zusammenarbeit unmöglich machen. Wenn Sie jemanden im Unternehmen haben der ständig zu spät kommt und man das abmahnt und dann nochmal abmahnt und es dann zu einer Kündigung kommt, wird es das Integrationsamt nicht anders sehen. Diese Kündigung hat nichts mit Behinderung zu tun. Ob jemand zu spät kommt oder nicht, dass ist keine Sache, die davon abhängt, ob jemand ein Nierenleiden hat oder nur einen Arm oder nichts hört. Und da sagt das Integrationsamt natürlich dann, die Kündigung ist gerechtfertigt und da stimmen wir zu. Wenn es nur um die Leistungsfähigkeit geht aufgrund einer

Behinderung da wird schon genauer hingeguckt und da versucht das Integrationsamt Brücken zu bauen, wie kann man eine Kündigung vermeiden, indem man zum
Beispiel technische Hilfe installiert, die dem Menschen helfen, seine Arbeit auszuführen. Also der letzte Punkt, das ist immer so eine Sache, wo viele denken: "Um
Gottes willen". Wenn ich jetzt jemanden einstelle, der einen GdB hat dann (...) den
habe ich immer am Hals, salopp gesprochen. Ich denke, so einfach kann man es
nicht sehen, weil ich denke, dass das Integrationsamt dort schon zu differenzieren
weiß, ob es sich um eine behinderungsbedingte Kündigung handelt oder ob es sich
um eine verhaltensbedingte Kündigung handelt. Was die Krankheiten betrifft, habe
ich einmal eine Untersuchung gemacht und festgestellt, dass also es durchaus nicht
so ist, dass Menschen mit Behinderung öfter krank wären. In dem Fall war es eher
umgekehrt. Da waren die Menschen mit einem GdB die Zuverlässigeren und weniger krank. Ich denke, was nach wie vor eine sehr große Rolle spielt, ist inwieweit
man persönlich mit diesem Thema vertraut ist. Ich kenne es also von Kollegen, die
im Erzgebirge eine Inklusionsfirma haben. Dort in dem Ort hat der Bürgermeister
ein behindertes Kind oder eine Nichte oder ähnliches. Der kennt also die Problematik und da ist es ganz einfach. Da gehen zum Beispiel die Aufträge für das Rasen-
mähen der Gemeinde an die Inklusionsfirma. Also ich denke dort sind wir noch ein
Stück hinterher, also das viele denken: "Ich tue mir das lieber nicht an. Damit ich
keine Schwierigkeiten bekomme.". Zum Beispiel Sie gehen auch mit Menschen mit
Behinderung anders um, wenn Sie da in der Familie selber davon betroffen sind,
als wenn Sie an einem Rollstuhl vorbeigehen, hoffentlich guckt der mich nicht an.
Und da im Grunde genommen, befangen ist, weil man sich da auch nicht traut. Ich
denke, die Inklusionsfirmen sind ein wertvolles Gut in Deutschland, weil das so
eine Art Sprungbrett ist, wobei das Sprungbrett ist eher wieder in Arbeit zu kommen. Die Fluktuation aus der Inklusionsfirma in andere Firmen auf den ersten Arbeitsmarkt ist nicht zu sehr hoch. Also Leute, die ihr Auskommen haben, die bleiben auch da. Wir haben in der Inklusionsfirma eine Quote, die wir einhalten müssen, von 40 Prozent von Menschen mit Behinderung und das ist schon manchmal
eine Herausforderung, aber bis jetzt hat es sich immer irgendwie bewältigen lassen. Im Gegenteil, es ist manchmal fast, wird zunehmend schwieriger, geeignete
Menschen mit Behinderung zu finden, weil die, die arbeiten wollen, die haben in
der Regel irgendwann einen Job. Und die, die keinen Job haben, wollen entweder
nicht oder die passen bei uns einfach nicht in das Leistungsspektrum rein. Sie können natürlich keine Garten- und Landschaftspflege machen mit drei Rollstuhlfah-
rern. Aber Sie können natürlich, wenn die Inklusionsfirma einen Zweig Finanz- o-
der Personalbuchhaltung hat, einen Rollifahrer einstellen. Wenn der seinen

Arbeitsplatz hat und Buchungsvorfälle erledigt, klar kann der das machen. Und das muss man eben immer wissen, was man will, wohin man will und was man für ein Unternehmenskonzept haben kann, was dann auch trägt. #0:27:15.7#

I: Weil Sie gerade von Erkrankungen gesprochen haben, ist das bei psychischen Erkrankungen auch eher schwierig

B: Es gibt in Sachsen die Möglichkeit von Zuverdienst-Möglichkeiten. Das sind Firmen für Menschen mit einer chronisch psychischen Erkrankung, die nur geringe Zeit arbeiten können. Ich denke diese Menschen muss man einfach auch eine Chance geben, auch als Inklusionsfirma. Ich halte es für nicht richtig, sozusagen separat zu betrachten. Ich habe das selber erlebt. Ich habe selber eine Zulieferungsfirma für physisch kranke Menschen geleitet. Wir hatten als eine Unternehmenssäule, Gemeinschaftsverpflegung-Catering. Und das kann man irgendwann nicht mehr machen, wenn man nur mit chronisch psychisch Kranken arbeitet, weil das ein Geschäft mit viel Stress und einem hohen Druck ist. Und damit können die Leute schlecht umgehen. Ich denke man muss die Menschen mit einstreuen in der Firma und da gibt es auch sicherlich für jeden geeignete Plätze. Aber ich bin kein Fan davon die so völlig separat zu betrachten. Also ich denke man könnte auch mit chronisch-physisch Kranken, wenn da Arbeitgeber ein bisschen mehr zutrauen hätten, mehr an Arbeitsplatz sein könnte. Weil viel Druck im Unternehmen ist auch selbstgemacht #0:30:04.3#

I: Muss die Offenheit mehr gegeben sein.

B: Ja genau und es gibt durchaus auch Arbeitsplätze, wo man früh auf der linken Seite einen Stapel Arbeit hat, der abends auf der rechten Seite ist, ohne das den ganzen Tag noch Publikumsverkehr oder Stress dazu kommt. Und dann machen auch die ihr Ding. #0:30:38.8#

[...]

B: Es gibt dann auch noch Fördermöglichkeiten. Es werden Nachteile, die die Firma im Wettbewerb mit anderen Firmen hat, ausgeglichen. Also zum Beispiel wird eben, der Kollege hat eine Behinderung, wird geguckt, wie sich die Behinderung auf die Arbeit auswirkt und um wie viel Prozent er von einem Normalarbeitenden abweicht, von der Leistungsfähigkeit. Das wird in Prozent nach einem ziemlich komplizierten Verfahren ausgerechnet. Und wenn man sagt, der hat 20 Prozent Minderleistung, vom Integrationsamt von den 20 Prozent einen Teil als finanzielle Unterstützung. Aber das ist sozusagen kein Zuschuss, sondern eher ein Ausgleich. Unternehmen sind verpflichtet sofern sie nicht genügend behinderte Menschen beschäftigen eine Ausgleichsabgabe zu zahlen. Diese wird dann vom Integrationssamt eben für solche Projekte, wie eben die Inklusionsfirma genutzt. Dazu zählt diese Arbeitsplatzausstattung und es zählt zum Beispiel dieser Minderwertsausgleich. [...] Was mir wichtig ist, es müsste bei den Ausschreibungen eine viel stärkere Gewichtung auf dem Sozialstatus liegen. Also es müsste zum Beispiel so sein, wenn die Landeshauptstadt Dresden die Reinigung von 20 Schulen ausschreibt, dann dürfte es nicht nur nach dem Preis gehen, sondern man müsste dann auch sagen, sowie auch bei Bewerbungen "Menschen mit Behinderung werden bei gleicher Eignung bevorzugt", müsste es eigentlich bei Ausschreibungen auch eine Passage geben: "Wenn Ihr Unternehmen Menschen mit Behinderung beschäftigt, werden Sie bei gleicher Eignung bevorzugt.". Das wäre viel besser, als zu sagen: Ausgleichsabgabe. Also wenn man dort bei den Ausschreibungen ein Stück weiterkäme. Weil ich immer sage, wir wollen kein Mitleid, keine Zuschüsse, wir wollen einfach Arbeit. Das ist manchmal noch die Schwierigkeit, dass dann eben eine Kommune sagt, ehe wir uns auf so eine Firma einlassen, dann nehmen wir lieber Firma XY. Ausschreibungskriterien anpassen. Zum Beispiel wenn besondere ökologische Aspekte beachtet werden und so müsste es bei sozialen Aspekten sein. #0:37:44.6#

Quelle: Eigene Darstellung

Anlage 14: Transkription Unternehmen 4

I: Können Sie mir nochmal einen Einblick in das Unternehmen geben, zur Unternehmensphilosophie und was Ihren Aufgabenbereich im Unternehmen abdeckt?

B: Also Unternehmen ist klar, Brauerei. Biere, alkoholfreie Getränke, wir haben auch Mineralprodukte dabei. Wir sind eine Unternehmensgruppe. Mutterunternehmen ist hier Betrieb XY und dann haben wir eben Tochterbetriebe in Plauen, in Bad Brambach, in Würzburg, in Hof. In der Regel Brauereien, bis auf Bad Brambach eben Mineralbrunnen. Die Gruppe wird von hier ausgesteuert, das heißt wir haben mehrere (uvs.). Die Brauereien sind Produktionsstandorte aber Marketing, Vertrieb, Verwaltung ist alles hier, am Hauptstandort. Im Bereich Gastronomie dezentrale Verantwortung, weil das einfach auch ein Thema ist, da musst du vor Ort sein. Bei Gaststätten und so weiter, aber Thema Handel zum Beispiel Edeka und Rewe und so weiter, denen ist "wurscht", wo im Endeffekt die Verwaltung sitzt. Die wollen einen Ansprechpartner, die wollen auch nicht mit jedem Unternehmen reden, die wollen mit Einem reden. Meine Rolle, ich bin hier Leiter Personal und Entwicklung. Bin zuständig für die gesamte Gruppe. Also bin da auch für jedes andere Unternehmen Personalleiter im Endeffekt. Das mache ich schon eine ganze Zeit lang, seit '99. [...] Seit 2004 Personalleitung. Damals hatten wir noch an jedem Standort kleine Personalabteilungen. Das haben wir alles zentralisiert. Und betreuen jetzt hier von der Hauptzentrale aus. Das ist immer mit Reisetätigkeit verbunden. Das ist aber alles überschaubar. In drei Stunden kann ich von links nach rechts fahren. [...] Mit modernen Medien geht sehr viel. Das ist im Endeffekt meine Aufgabe und im Personalbereich komplette Bandbreite. Wir machen die Abrechnungen noch selber, die Entwicklung selber und Betreuung. #0:02:20.9#

I: Hatten Sie im Unternehmensumfeld Kontakt mit dem Thema Inklusion, war das schon einmal ein aktuelles Thema oder sind Sie damit schon in Berührung gekommen?

B: Sie verstehen unter Inklusion von Schwerbehinderten zum Beispiel?

I: Ja genau, zum Beispiel.

B: Gut. Wir haben natürlich auch Schwerbehinderte beschäftigt im Unternehmen. Wir haben da auch schon mit den zuständigen Behörden in diversen Fällen zusammengearbeitet und eben auch versucht Lösungen zu finden. Ein Beispiel war in Bad Brambach. Ein Mitarbeiter, der nicht mehr im Schichtdienst arbeiten konnte, der macht jetzt Haus und Hof. Das kannst du einmal machen pro Standort. Kannst nicht zehn Hausmeister auf einmal haben. Der Hausmeister konnte mit Unterstützung vom Integrationsamt, technische Hilfsmittel anschaffen. Da war es im Endeffekt ein Schneeräumgerät, da kann er im Endeffekt auf dem Hof Schnee räumen und kann im Sommer den Rasen mähen. Immer wieder kann er auch mal Leergut sortieren. Das geht nicht acht Stunden am Tag, aber zwei Stunden am Tag. Dann konnte man den zum Beispiel auch im Job halten. Hier haben wir für einen Kollegen zum Beispiel Scherenhubwägen, dass die die Kisten nicht mehr runterheben müssen, wenn die kommissionieren, sondern die nur rüber ziehen müssen. [...] Solche Sachen haben wir immer wieder mal in Einzelfällen. Unsere Schwerbehindertenabgabe erfüllen wir in der Regel entweder dadurch, dass wir Schwerbehinderte beschäftigen oder eben relativ viel mit, in Hof zum Beispiel, mit der Werkstatt für Behinderte zusammenarbeiten und die dann zum Beispiel Leergut sortieren für uns oder einfache Verpackungstätigkeiten machen. Also immer wieder alles Einzelfälle. Kein großes Programm, dass wir jetzt viele Schwerbehinderte beschäftigen wollen, sicherlich nicht. Ist auch in unserer Branche relativ schwierig, gerade im gewerblichen Bereich. Wir haben viele Tätigkeiten, die sind in der Regel körperlich schwer. Der Liter Wasser bei aller Technik hin und her wiegt immer noch ein Kilo. Und unsere Verpackungseinheiten, die Kleinen sind neun Flaschen á einen halben Liter plus Kiste sind wir bei sechs Kilo irgendetwas. Und die 20er Kiste mit 20 Flaschen á einem halben Kilo sind wir bei 15 Kilo in etwa. Das ist unsere kleinste Gewichtseinheit und das 30 Liter Fass wiegt dann 40 Kilo und das 50 Liter Fass wiegt dann 65 Kilo. Das wird alles nicht leichter. Da gibt es sicher die ein oder anderen Hilfsmittel. Da gibt es auch einen Maschinentakt, der etwas vorgibt, wo es dann oftmals schwierig wird jemand gerecht einzusetzen. Wir probieren alles was möglich ist und da mussten wir auch relativ viel machen. Wir haben das eher selten, dass wir personenbedingt kündigen müssen, weil es einfach gar nicht geht. #0:05:28.3#

I: Der finanzielle Zuschuss für den Mitarbeiter, welcher die Arbeitsposition gewechselt hat, müssten Sie sich dann darum kümmern?

B: Da muss man sich schon als Arbeitgeber dann kümmern ja.

I: Und würden Sie sagen, war das einfach oder war das viel Aufwand?

B: Also Integrationsämter versuchen schon zu helfen. Da kommt dann der technische Fachberater, technische Dienst, guckt sich das an und das dauert bei Behörden immer etwas, aber da gibt es wesentlich schlimmere bürokratische Vorgänge. Die sind auch sehr hilfsbereit. Die freuen sich auch, wenn sie helfen können. Da ist keine ablehnende Haltung, sondern die kommen und haben auch Ideen und sind auch großzügig. Also wahrscheinlich daherkommend, dass die Budgets haben und diese oftmals auch gar nicht wegbekommen. Also eigentlich darf eine Behörde nicht großzügig sein, aber es macht so den Eindruck, dass die schon nicht auf den letzten Cent schauen, sondern helfen wollen. Und dass da die Erhaltung eines Arbeitsplatzes und die Schaffung eines neuen gerechten Arbeitsplatzes ein hohes Ziel für die ist. Insofern wird man dort gut unterstützt. Die können auch nicht immer helfen, aber durchaus ordentlich. #0:07:14.5#

I: Und jetzt hatten Sie gerade von der Schwerbehindertenquote beziehungsweise der Ausgleichsabgabe gesprochen. Es gibt da auch das Bundesteilhabegesetz mittlerweile und solche politischen Instrumente, um Inklusion oder Menschen mit Behinderung Chancen zu geben im ersten Arbeitsmarkt. Haben Sie dazu eine Meinung, würden Sie das zum Beispiel als positiv bewerten oder wurde das einfach jetzt durch das Unternehmen angenommen?

B: Also gesamtpolitisch ist das sicherlich richtig und wichtig. Dass man versucht auch Schwerbehinderte in ganz normalen Arbeitswegen einzubringen. Es gibt auch viele Tätigkeiten, da ist es "wurscht" ob jemand schwerbehindert ist oder nicht. Gerade im Verwaltungsbereich, da muss man dann die Art der Schwerbehinderung anschauen. Wenn jemand Krebs hatte und jetzt in der Gewährungsphase ist, diese

5 Jahre. Der ist ja nicht schlechter oder oftmals auch nicht weniger belastbar, wie jemand anderes. Vielleicht sind das sogar Menschen, die noch wesentlich mehr ihren Arbeitsplatz schätzen. Da ist auch jedes Unternehmen in der Pflicht da mitzuwirken, dass solche Menschen auch gute, gut ausgestattete Arbeitsplätze weiterhin haben. Gerade Unternehmen einer gewissen Größenordnung. Klar, wenn ich fünf Mann bin, dann reißt mir das wahrscheinlich schon ein Loch rein, wenn ich da mal eine ganze Zeit auf einen verzichten muss und so weiter und dann vielleicht ein gewisses Hemmnis hat. Aber ab einer gewissen Größenordnung ist das einfach ein Prinzip unseres Sozialstaates auch. Dass dann Unternehmen auch einfach in die Pflicht gehen und insofern ist das auch gut und richtig. Da muss Ziel für alle sein, da Lösungen zu finden. Auch wenn es auch sicher erst einmal aufwendig ist. Aber gerade auch wenn man jetzt überlegt Fachkräftemangel und so weiter, es ist ja nicht mehr so, dass beliebig hochqualifizierte Menschen zur Verfügung stehen. Da muss man da eben auch einmal etwas kreativer herangehen, um sich einen Hochqualifizierten zu erhalten. Vielleicht mit zwei, drei Abstrichen, aber dann bekomme ich an einer anderen Ecke wieder etwas mehr Engagement. #0:09:31.7#

I: Gibt es bei Ihnen eine Schwerbehindertenvertretung?

B: Ja, die gibt es.

I: Gibt es bestimmte Veranstaltungen im Jahr, wo sich die Mitarbeiter zusammentreffen?

B: Ja, wir machen die Klassiker Weihnachtsfeier, Jubilare. Wir machen alle zwei, drei Jahre große Mitarbeiterveranstaltungen, wo wir alle aus der ganzen Gruppe zusammenkommen. Und dann gibt es auch fachbereichsbezogene Veranstaltungen. Und eines unserer Themen als Brauerei ist das Thema Feiern, deshalb sind Mitarbeiter auch oftmals dabei, wenn wir Veranstaltungen organisieren. Zum Beispiel bei der Bierwoche, wo wir auch alle Mitarbeiter mit Biermarken ausstatten. Oder Motorradsternfahrt und so weiter. Da sind wir sicherlich eine Branche die überproportional viel miteinander feiert. Wo die Menschen in Kontakt miteinander kommen. #0:10:33.3#

I: Was zeichnet Ihre Mitarbeiter, also besondere Qualifikationen sind sicher nötig, gewisse Ausbildungen - was würden Sie da sagen ist da besonders bezeichnend für eine Brauerei?

B: Also es glauben immer alle, dass eine Brauerei immer anders ist, als andere Unternehmen. Wir haben einen Brauer an den immer jeder denkt. Das war früher ganz stark handwerklich. Das ist heute hochgradig technisch. Der müsste vielleicht gar nicht Brauer sein, sondern eher Schlosser oder Techniker, weil wir dort mit hochkomplexen Anlagen arbeiten. Ist er im Bereich Sudhaus und Filtration, dann ist eher noch mehr Handwerk dran. Aber er bedeutet auch heute modernste Maschinenbetreuung, also es wird nicht mehr pi-mal-Daumen gesteuert. Sondern da stehen Monitore und da sind Überwachungstätigkeiten. Und er muss im Endeffekt, wenn das alles nicht funktioniert, wissen was zu tun ist, aber im Endeffekt ist es erstmal sehr viel überwachende Tätigkeit. [...] Die Rahmenbedingungen sind komfortabler geworden, aber der intellektuelle Anspruch mag gestiegen sein. Du musst überwachen und für den Fall der Fälle vorbereitet sein. Und sonst haben wir ganz normale Jobs. Wir haben Controller und Key Account Manager. Wir betreuen denselben Markt, wie es das Joghurt tut. Die Strukturen sind relativ gleich im Handel. [...] Kraftfahrer haben wir viele klar. Viele im Lager und Logistikbereich. Kraftfahrer jetzt so klassisches Beispiel dafür, dass der Beruf dich natürlich auch über die Jahre schon zu starker Abnutzung führen kann. Die Kraftfahrer fahren bei uns nicht viel. [...] Die haben aber jeden Tag tonnenweise Ware vom LKW in irgendwelche Keller, in irgendwelche Lager und so weiter. Und irgendwann macht der Rücken vielleicht nicht mehr dann. So, was machst du dann mit so einem. Vielleicht können sie ja noch kommissionieren oder vielleicht können sie Zwei-Mann-Touren fahren, wo man sich einteilen kann.

I: Also ist Gesundheitsmanagement ein großes Thema?

B: Ist uns ein ganz wichtiges Thema und haben wir vor drei Jahren intensiver angefangen zusammen mit der AOK. Hat natürlich auch einen personalen Marketinggesichtspunkt, haben wir erst gar nicht so gesehen, wirkt aber unwahrscheinlich, wenn uns die Azubis in der ersten Woche erzählen, dass sie einen tollen Arbeitgeber haben, weil der auch Sport- und Fitnessangebote hat. Dann sieht man erstmal auch, was wird reflektiert heutzutage. Intern bist du erstmal enttäuscht, wenn du am Standort für 500 Mitarbeiter drei Sportkurse anbietest. In jeden Kurs gehen 10 Mann, da hat man 30 Mann von 500. Aber in den Köpfen haben alle das Thema. Und dann ist man wieder bei dem Thema Mitarbeiterbindung, wenn ich nicht hingehe bin ich als Mitarbeiter selber schuld, aber die bieten etwas an. Da gehen natürlich die hin, die generell gern Sport machen und nicht die, die eigentlich hingehen sollten, weil sie sonst nie was machen. Aber ein paar gehen halt auch mit und ich glaube, dass wenn man das lang durchhält, auch immer mehr werden, die sich auch überzeugen lassen. Und da haben wir das mit der AOK als Pilotprojekt gebastelt, ist umsonst für die Mitarbeiter und da kannst du drei Mal die Woche zum Sport gehen zum Fitnesscenter nebenan. Mit dem machen wir das zusammen, bisschen was sponsern wir dazu. In der Hoffnung, dass man auch einen erwischt, der es normal nicht machen würde. #0:15:50.6#

I: Würden Sie sagen eine eigene Abteilung für Diversity oder ähnliches wäre für die Zukunft etwas, was man sich vorstellen kann?

B: Das ist hier am Standort, bei 50 für 500 Mann, dafür extra einen einzustellen, das würde nicht funktionieren. Aber es muss halt ein Segment im Personalbereich sein. Eine Kollegin oder Mitarbeiterin, die macht den Bereich Entwicklung und da gibt es verschiedene Angebote. Das kann auch mal eine Betriebsführung sein, denn die Neuen führt man immer durch, aber die Alten waren seit 20 Jahren nicht mehr im Flaschenkeller so ungefähr. Da wird man wieder das Gleiche merken, wie beim Sport. Alle finden es toll, dass es das gibt, nicht einmal die Hälfte nimmt teil, aber alle reden darüber und man bekommt wieder Kommunikation in Gang. Und alle haben das Gefühl, man kümmert sich. [...] Es ist oftmals mehr Fiktion und es hilft oft, wenn ich als Unternehmen verschiedene Angebote habe und deswegen machen wir im kleinen Stil, versuchen wir immer wieder mal einen Punkt zu setzen. #0:18:16.4#

Quelle: Eigene Darstellung

Anlage 15: Finales Kategoriensystem

		Kategorienbezeichnung	Definition	Ankerbeispiel
deduktiv	OK 1	Thematische Auseinandersetzung	Das Unternehmen hat sich bereits mit dem Thema Inklusion und mit der Einstellung von Menschen mit Schwerbehinderung beschäftigt.	"Hier am Standort muss ich sagen relativ wenig. Wobei beim näheren Nachdenken ist es dann doch gar nicht so wenig." (I1, Z. 4)
deduktiv	UK 1.1	Initiativbereitschaft	Das Unternehmen zeigt eine grundsätzliche Offenheit und Initiativbereitschaft gegenüber Inklusion und der Vergabe von Arbeitsplätzen an Menschen mit Behinderung. Engagement wird gezeigt.	"Genau, ermutigen und sollten sich trauen sich zu bewerben. Und nicht denken wir haben keine Chance. Diese müsste man mehr ermutigen glaube ich. Wie ist die Frage." (I1, Z. 33)
deduktiv	OK 2	Einstellung von Menschen mit Behinderung	Das Unternehmen hat bereits Menschen mit Schwerbehinderung eingestellt.	"Ei Kollegen mit einem schwerbehinderten Ausweis im Unternehmen beschäftigt." (I2, Z. 13)
induktiv	UK 2.1	Schwerbehindertenquote	Das Unternehmen erfüllt/erfüllt nicht die Schwerbehindertenquote von 5 %	"Unsere Schwerbehindertenabgabe erfüllen wir in der Regel entweder dadurch, dass wir Schwerbehinderte beschäftigen oder eben relativ weit mit, im Hof zum Beispiel, mit der Werkstatt für Behinderte zusammenarbeiten und die dann zum Beispiel Leergut sortieren für uns oder einfache Verpackungstätigkeiten machen." (I4, Z. 7)
deduktiv	UK 2.2	Vertragsart	Die Person ist sozialversicherter Arbeitnehmer im Unternehmen, über einen Werkvertrag angestellt oder Aufträge werden an Werkstatten abgegeben.	
deduktiv	UK 2.3	Zusammenarbeit von Menschen mit und ohne Behinderung	Art der Zusammenarbeit von Menschen mit und ohne Behinderung	"Also das ist tatsächlich, zwischen den Kollegen gibt es keine Probleme. Da gibt es keine Berührungsängste und keine Vorbehalte." (I2, Z. 19)
induktiv	UK 2.4	Bewerbung	Inwiefern hat sich das Unternehmen mit Bewerbung und dem Bewerbungsprozess von Menschen mit Behinderung auseinander gesetzt. Inwiefern treffen Bewerbungen von Menschen mit Behinderung ein und weiß der Bewerber, dass er sich bewerben kann.	
induktiv	UK 2.5	Arbeitsplatzgestaltung	Wie gestaltet das Unternehmen einen Arbeitsplatz für Menschen mit Behinderung.	
deduktiv	OK 3	Wissensstand	Das Unternehmen kennt politische Instrumente, wie Gesetzenvürfe, die Ausgleichsabgabe und weitere Inhalte im Zusammenhang mit der Einstellung von Menschen mit Schwerbehinderung.	"Das Thema bestand bei uns noch gar nicht so. Erstmal wusste ich das gar nicht, gut da muss ich dazusagen, dass das Personal, da gibt es an dem Standort kein Team. Also wir haben ein Personalteam, Human Resources, in der Zentrale und da gibt es eine Personalreferentin, die ist für uns hier für den Standort verantwortlich." (I1, Z. 8)
deduktiv	UK 3.1	Eigenständige Auseinandersetzung	Das Unternehmen hat sich bereits bei zuständigen Behörden über die Einstellung von Menschen mit Schwerbehinderung informiert	"I: Der finanzielle Zuschuss für den Mitarbeiter welcher die Arbeitsposition gewechselt hat, mussten Sie sich dann darum kümmern? B: Da muss man sich schon als Arbeitgeber dann kümmern ja." (I4, Z. 8-9)
deduktiv	UK 3.2	Externe Unterstützung	Das Unternehmen hat sich durch externe Institutionen beraten lassen, hat dabei positive bzw. negative Erfahrungen gemacht	"Aber im Prinzip ist Unterstützung da und die Leute sind auch bemüht die Kollegen da einzugliedern. Also ich hab da keine negative Erfahrung gemacht." (I2, Z. 23)
deduktiv	UK 3.3	Förderungsmittel	Das Unternehmen kennt die Möglichkeit der finanziellen Förderungszuschüsse. Das Unternehmen hat diese in Anspruch genommen	"In Kulmbach haben wir für einen Kollegen zum Beispiel Scherenhubwägen, dass die die Kisten nicht mehr runterheben müssen, wenn die kommissionieren, sondern die nur rüber ziehen müssen." (I4, Z. 7)
deduktiv	UK 3.4.	Politische Instrumente	Bewertung von Gesetzesentwürfen (Bundesteilhabegesetz) und Ausgleichsabgabe.	"Also gesamtpolitisch ist das sicherlich nötig und wichtig. Dass man versucht auch Schwerbehinderte in ganz normalen Arbeitswegen einzubringen. Es gibt auch viele Tätigkeiten, da ist es "wurscht" ob jemand schwerbehindert ist oder nicht. Gerade im Verwaltungsbereich, da muss man dann die Art der Schwerbehinderung anschauen." (I4, Z. 13)
deduktiv	OK 4	Mitarbeiterrolle	Die Rolle der Mitarbeiter wird klar beschrieben und abgegrenzt.	

deduktiv	UK 4.1.	Verantwortung	Verantwortungsbereich der Mitarbeiter.	"Also generell wird die Verantwortung für jeden einzelnen Mitarbeiter sehr hoch gelegt, für jeden einzelnen Mitarbeiter." (I1, Z. 27)
deduktiv	UK 4.2	Qualifikation	Benötigte Qualifikationen der Mitarbeiter	"Das war früher ganz stark handwerklich. Das ist heute hochgradig technisch." (I4, Z. 19)
deduktiv	UK 4.3	Eignung für Menschen mit Behinderung	Das Unternehmen ist der Meinung, dass ein Mensch mit Schwerbehinderung den Mitarbeitertätigkeiten des Unternehmens gewachsen bzw. nicht gewachsen ist	"Wir haben viele Tätigkeiten, die sind in der Regel körperlich schwer." (I4, Z. 7)
deduktiv	OK 5	Unternehmenskultur	Unternehmenskultur bedeutet hier, die Wahrnehmung des eigenen Unternehmens und Vermittlung von bestimmten Werten.	"Dass die Firma eine Stiftung wird, zumindest große Teile, Ihre Anteile, mehr als 50 Prozent. Und Stiftungskapital und (...) die Satzung sagt, dass die Firma nicht zu Verkauf steht, hauptsächlich in Deutschland produziert und eben Arbeitsplätze in Deutschland erhalten bleiben sollen, also kein Fremdkapital in der Firma" (I1, Z. 2)
deduktiv	UK 5.1	Vorgesetzten-Mitarbeiter-Beziehung	Aspekte zu Mitarbeitergesprächen, offene Haltung, Erzählweise des Interviewten und damit Rückschlüsse auf das Verhältnis zwischen Mitarbeitern und Vorgesetzten.	"wir haben jährlich Mitarbeitergespräche mit jedem Mitarbeiter" (I1, Z. 22)
deduktiv	UK 5.2.	Führungsstil	Der Geschäftsführer nimmt eine alleinige Führungsposition ein und trifft Entscheidungen selbst. Der Geschäftsführer erfährt Unterstützung in seiner Führungsposition (z. B. durch Junior Chef) und Entscheidungen werden durch eine Gruppe getroffen.	
deduktiv	UK 5.3	Kooperationsbereitschaft	Das Unternehmen hatte bereits Kontakt zu Behindertenwerkstätten bzw. -einrichtungen und steht mit diesen in Kontakt.	"Dazu kommt noch ein bisschen, dann werden Aufträge an Behindertenwerkstätten. Also alles was so (...) zum Beispiel (...) unsere alten Computer der werden nicht irgendwo auf den Müll geschmissen, sondern die werden in der Zentrale gesammelt, werden dann auseinander genommen, in den Werkstätten. Das weiß ich zum Beispiel schon. Aber das sind noch mehrere Aufträge die so einfache Dinge (...) Und deswegen haben wir die Quote wahrscheinlich (...)" (I1, Z. 18)
induktiv	UK 5.4.	Wertschätzung	Inwiefern findet eine Wertschätzung der Arbeitnehmer durch das Unternehmen statt.	"Ich selbst durfte es auch ein Stück weit erleben, wie die Firma unterwegs ist. Ich hatte 2012, hatte ich (...) einen Tumor, bösartig und war dann für 5 Jahre 50 % vom Grad der Behinderung. Bis letztes Jahr und jetzt wieder eingestuft als offiziell geheilt. Und da konnte ich erfahren, wie gut die Firma da reagiert hat." (I1, Z. 70-72)

Quelle: Eigene Darstellung

Anlage 16: Tabellarische Auswertung Codierregeln

		Kategorienbezeichnung	U1	U2	U3	U4
deduktiv	OK1	Thematische Auseinandersetzung	Ja	Ja	Ja	Ja
deduktiv	UK 1.1.	Gründe für Nicht-Beschäftigung				
deduktiv	UK 1.2	Initiativbereitschaft	Ja	Ja, bereits Anstellung von 11 Menschen mit Schwerbehinderung und bereits Auszubildende im Unternehmen	Ja, ein Muss-Kriterium Verpflichtung zu bis zu 50 Prozent Beschäftigung von Menschen mit Behinderung (mindestens 40 Prozent)	Teilweise. Das Unternehmen hat schwerbehinderte Mitarbeiter und vergibt Aufträge an Werkstätten und der Personalleiter möchte Chancengleichheit gewähren, allerdings sieht das Unternehmen sich nicht selbst in der Pflicht, als der Arbeitgeber zu fungieren, welcher Menschen mit Behinderung einstellt, da dies in der Branche schwierig sei
deduktiv	OK 2	Einstellung von Menschen mit Schwerbehinderung	Ja. Anfängliche Unsicherheit, aber ca. drei am Standort.	Ja, im Bereich Orthopädieschuhtechnik und im Sanitätshausbereich.	Ja, ca. 21 Schwerbehinderte.	Ja, aber keine Angabe, wie viele
deduktiv	UK 2.2.	Vertragsart	Sozialversichert und Aufträge in Werkstätten.	Sozialversichert	Sozialversichert	Sozialversichert und Aufträge in Werkstätten
deduktiv	UK 2.3.	Zusammenarbeit von Menschen mit und ohne Behinderung	Ja, keine Probleme, da geistig fit	Ja, keine Probleme.	Genauso gut und genauso schlecht, wie in anderen Unternehmen. Keine Differenzierung.	Keine genaue Angabe
deduktiv	OK 3	Wissensstand	Standortleiter kannte Ausgleichsabgabe nicht, erhält eine Quoteneinführung allerdings nie für sinnvoll, da die Unternehmenskultur für Inklusion verantwortlich sein muss.	Ja	Ja	Ja
deduktiv	UK 3.1.	Eigenständige Auseinandersetzung	Konnte keine direkte Angabe gemacht werden. Jedoch zu hoher Wahrscheinlichkeit schon.	Ja bzw. stellt jeher Menschen mit Behinderung an.	Ja, es wurde aus dem Grund etabliert, um Menschen mit Behinderung einen leichteren Berufsstart zu ermöglichen.	Nicht direkt angegeben.
deduktiv	UK 3.2	Externe Unterstützung	Keine Angabe	Keine Beratung, da Wissen bereits vorhanden ist. Ist mit der Arbeit des Integrationsamtes zufrieden.	Keine Beratung, da Wissen bereits vorhanden. Integrationsamt unterstützt bei finanziellen Zuschüssen. Bürokratischer Aufwand ist immer hoch und in diesem Fall nicht höher, als bei anderen Sachverhalten.	In Bezug auf Förderungsmittel und Unterstützung hat es sich vom Integrationsamt und dessen Fachdienst beraten lassen. Das Unternehmen hat ausschließlich positive Erfahrungen gemacht und hat sich sehr unterstützt gefühlt
deduktiv	UK 3.3.	Förderungsmittel	Keine Angabe	Ja, finanzielle Förderungsmittel werden beansprucht.	Ja	Ja, Förderungsmittel erhalten.
deduktiv	UK 3.4.	Politische Instrumente	Politisches Eingriffen wird eher negativ bewertet	Positive Bewertung. Einstellung eines Menschen muss in Abhängigkeit von der Behinderung Sinn machen.	Zwiegespalten und eher negativ. Die Ausgleichsabgabe dient zur Unterstützung von Inklusionsfirmen. Andererseits erbringt das dem Unternehmen keine Auftragsbeschaffung, deshalb Vorschlag der veränderten Stellenausschreibung für Aufträge. Mehr Gewichtung auf Sozialstatus des Unternehmens.	Positive Betrachtung und sieht jedes Unternehmen ab einer gewissen Größenordnung in der Pflicht mitzuwirken, vor allem im Verwaltungsbereich. Insbesondere auch wenn Mitarbeiter im Laufe des Lebens erkranken und qualifizierte Fachkräfte sind (Bezug auf Fachkräftemangel).
deduktiv	OK 4	Mitarbeiterrolle	Je nach Position des Mitarbeiter wird eine klare Aufgabe und Verantwortung zugeteilt	Ja	Die Mitarbeiter müssen fit sein und einen normalen Arbeitstag standhalten können. Keine zusätzliche Betreuung durch Sozialpädagogen, nur unterstützende Leistung durch Kollegen, welche finanziell honoriert wird.	Mitarbeiter müssen teilweise körperlich schwer arbeiten und teilweise hochgradig technische Vorgänge verstehen und überwachen. Die Rolle variiert stark von der Abteilung und Position eines Mitarbeiters. Von ungelernt bis hochqualifiziert ist alles möglich.
deduktiv	UK 4.1.	Verantwortung	Mitarbeiter tragen allgemein eine hohe Eigenverantwortung um die Motivation dieser zu fördern.	Jeder Mitarbeiter hat eine hohe Verantwortung, da das Unternehmen für Produkte den Krankenkassen nachweispflichtig ist und außerdem bestimmte Gesundheitsanforderungen und weitere Standards erfüllt werden müssen.	Mitarbeiter tragen Verantwortung für ihre Aufgabe, aber im Vergleich zu den anderen Unternehmen, keine so hohe Verantwortung.	Mitarbeiter tragen je nach ihrer Position eine höhere oder niedrigere Verantwortung.

deduktiv	UK 4.2	Qualifikation	Kaum ungelernte Mitarbeiter. Eigene Ausbildung von Mitarbeitern	Ausbildung zu bestimmten Handwerk nötig	Nein. Die Aufgabenfelder können angelernt werden.	Die Qualifikation variiert ebenfalls genauso stark, wie die Verantwortung.
deduktiv	UK 4.3	Eignung für Menschen mit Behinderung	Menschen mit Behinderung können den Anforderungen gewachsen sein, wenn sie keine geistigen Einschränkungen haben.	Ja, allerdings nur geistige fitte Menschen mit Behinderung	Nein, es ist für Menschen mit Schwerbehinderung ausgelegt, jedoch vor allem Menschen ohne körperliche Behinderungen, da die Arbeitsausführung schwierig wäre.	Nicht wirklich, da körperliche Belastung hoch ist und anderweitig fachliche Qualifikationen notwendig sind. Anderweitige Beschäftigungen können nur geringfügig gehandhabt werden.
deduktiv	OK 5	Unternehmenskultur	Das Unternehmen hat als Familienunternehmen eine feste Wertekultur, festgesetzt in dem Code of Conduct. Gelebte Unternehmenskultur	Offene Unternehmenskultur ohne Berührungsängste durch die Nähe zu Menschen mit Behinderung als Kunden	Ja, das Unternehmen möchte kein Mitleid von außen, sondern als gleichwertiges Unternehmen behandelt werden, welches gern bei gleicher Eignung durch seinen Sozialstatus von Auftraggebern bevorzugt behandelt werden würde	Traditionsreiche Unternehmenskultur mit vielen Mitarbeiterveranstaltungen und einem Pilotprojekt zum Sportangebot.
deduktiv	UK 5.1	Vorgesetzten-Mitarbeiter-Beziehung	Beziehung erscheint positiv und von gegenseitiger Wertschätzung und Respekt geprägt zu sein	Keine Angabe möglich	Persönliches Verhältnis zu den Mitarbeitern und enge Bindung.	Keine Angabe
deduktiv	UK 5.2	Führungsstil	Keine genaue Angabe möglich. Standortleiter trifft allerdings nicht alle Entscheidungen alleine, sondern zusammen mit Personalreferentin der Hauptzentrale und den jeweiligen Teamleiter	Personaleinstellung erfolgt durch Personaletein und den jeweiligen Abteilungsleiter. Die Stelle wird durch die Geschäftsführung freigegeben.	Keine Angabe	Keine genaue Angabe. Allerdings gibt es für jeden Bereich im Personal bestimmte Personen, welche für diesen und weitere verantwortlich sind
deduktiv	UK 5.2	Führungsstil	Keine genaue Angabe möglich. Standortleiter trifft allerdings nicht alle Entscheidungen alleine, sondern zusammen mit Personalreferentin der Hauptzentrale und den jeweiligen Teamleiter.	Personaleinstellung erfolgt durch Personaletein und den jeweiligen Abteilungsleiter. Die Stelle wird durch die Geschäftsführung freigegeben.	Keine Angabe	Keine genaue Angabe. Allerdings gibt es für jeden Bereich im Personal bestimmte Personen, welche für diesen und weitere verantwortlich sind
deduktiv	UK 5.3	Kooperationsbereitschaft	Unternehmen gibt Aufträge an Werkstätten.	Ja, bereits intensive Partnerschaft.	Ja, das Inklusionsunternehmen ist Teil eines Konzernverbundes für Menschen mit Behinderung	Ja, mit Werkstätten.

Quelle: Eigene Darstellung

Quellenverzeichnis

Allgemeines Gleichbehandlungsgesetz (AGG) in der Fassung vom 14. August 2006 (BGBl. I S. 1897), das zuletzt durch Artikel 8 des Gesetzes vom 3. April 2013 (BGBl. I S. 610) geändert worden ist

Behindertengleichstellungsgesetz (BGG) in der Fassung vom 27. April 2002 (BGBl. I S. 1467, 1468), das zuletzt durch Artikel 19 Absatz 2 des Gesetzes vom 23. Dezember 2016 (BGBl. I S. 3234) geändert worden ist

Bundesteilhabegesetz (BTHG) in der Fassung vom 23.12.2016; BGBI. I S.3282

Bundesteilhabegesetz (BTHG) in der Fassung vom 23.12.2016; BGBI. I S.3283

Sozialgesetzbuch (SGB) in der Fassung vom 01.08.2015, BGBl. I S.1367, das zuletzt durch Artikel 23 des Gesetzes vom 17. Juli 2017 (BGBI. I S. 2541) geändert worden ist

Sozialgesetzbuch (SGB) in der Fassung vom 01.08.2015, BGBI. I S.1814

Sozialgesetzbuch (SGB) in der Fassung vom 01.08.2015, BGBI. I S.1825

Sozialgesetzbuch (SGB) in der Fassung vom 01.08.2015, BGBI. I S.1831

Sozialgesetzbuch (SGB) in der Fassung vom 01.08.2015, BGBI. I S.1838

Sozialgesetzbuch (SGB) in der Fassung vom 01.08.2015, BGBI. I S.1851

Sozialgesetzbuch (SGB) in der Fassung vom 01.08.2015, BGBI. I S.1861

Sozialgesetzbuch (SGB) in der Fassung vom 01.08.2015, BGBI. I S.1862

Tabellen

Ansprechpartner	Aufgaben	Leistungsrahmen
Agentur für Arbeit	Neueinstellung Vermittlung	Arbeitsplatzakquise, Bewerberauswahl und Zuschuss zum Arbeitsentgelt
	Qualifizierung	Kostenübernahme bzw. Zuschuss
	Berufsorientierung und -beratung	Beratung, Praktikumsvermittlung
	Gleichstellung	Entscheidungsgewalt
Integrationsamt	Behinderungsgerechte Arbeitsplatzgestaltung	Beratung, Zuschuss, Darlehen
	Berufsbegleitung schwerbehinderter Menschen	Individuelle Beratung und Betreuung
	Arbeitsassistenz	Kostenübernahme/Budget
	Qualifizierung	Kostenübernahme bzw. Zuschuss
	Betriebliches Eingliederungsmanagement	Beratung, Prämie
	Prävention	Beratung
	Kündigung	Hilfe bei der Problemlösung, Entscheidungsgewalt
	Integrationsvereinbarung und -projekte	Beratung, Zuschuss, Darlehen
	Übergang von Werkstatt für behinderte Menschen (WfbM) auf den allgemeinen Arbeitsmarkt	Beratung und Betreuung vor Ort, Einarbeitung
Rehabilitationsträger	Behinderungsgerechter Arbeitsplatz	Siehe oben
	Berufsbegleitung schwerbehinderter Menschen	Siehe oben
	Arbeitsassistenz	Siehe oben
	Betriebliches Eingliederungsmanagement	Siehe oben
	Prävention	Siehe oben

Tabelle 1: Überblick Ansprechpartner für Arbeitgeber

Quelle: Eigene Darstellung

	Interviewter	Branche und Unternehmensart	Mitarbeiteranzahl gesamt
U 1	Standortleiter	Industrie, B2B, GmbH	2.500
U 2	Personalleiterin	Medizin- und Gesundheitssektor, B2B, GmbH	150
U 3	Leiter Inklusions-unternehmen	Dienstleistung, B2B und B2C, gGmbH	46
U 4	Personalleiter	Handel und Industrie, B2B und B2C, AG	900

Tabelle 2: Auswahl der Interviewteilnehmer
Quelle: Eigene Darstellung